精准扶贫特惠金融理论与实践

吴 华　王留根　编著

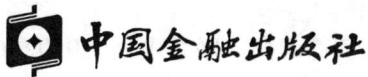

责任编辑:张翠华
责任校对:张志文
责任印制:张也男

图书在版编目(CIP)数据

精准扶贫特惠金融理论与实践/吴华,王留根编著. —北京:中国金融出版社,2020.9
ISBN 978-7-5049-9919-1

Ⅰ.①精⋯ Ⅱ.①吴⋯②王⋯ Ⅲ.①金融—扶贫—研究—中国 Ⅳ.①F832.3

中国版本图书馆 CIP 数据核字(2019)第 042835 号

精准扶贫特惠金融理论与实践
JINGZHUN FUPIN TEHUI JINRONG LILUN YU SHIJIAN

出版 中国金融出版社
发行
社址 北京市丰台区益泽路2号
市场开发部 (010)66024766,63805472,63439533(传真)
网上书店 http://www.chinafph.com
      (010)66024766,63372837(传真)
读者服务部 (010)66070833,62568380
邮编 100071
经销 新华书店
印刷 北京市松源印刷有限公司
尺寸 169毫米×239毫米
印张 13.5
字数 154千
版次 2020年9月第1版
印次 2020年9月第1次印刷
定价 50.00元
ISBN 978-7-5049-9919-1
如出现印装错误本社负责调换 联系电话 (010)63263947

前　言

消除贫困、改善民生、逐步实现共同富裕，是社会主义的本质要求，是中国共产党的初心使命。金融扶贫是打赢脱贫攻坚战的关键之举。习近平同志指出要做好金融扶贫这篇文章，李克强同志要求努力走出一条有中国特色的金融扶贫之路。《中共中央　国务院关于打赢脱贫攻坚战的决定》明确提出金融扶贫20条举措，《中共中央　国务院关于打赢脱贫攻坚战三年行动的指导意见》对金融扶贫提出15条具体要求。根据中央决策部署，相关部门迅速行动，政策性、开发性、商业性、合作性金融机构积极参与，共同发声发力，推进普惠金融向特惠金融不断延伸。总体上，我国金融扶贫工作态势良好：一是特惠金融政策体系建立，为脱贫攻坚提供有力政策支撑；二是特惠金融产品服务具备，为脱贫攻坚提供"弹药"支持；三是特惠金融工作格局形成，银行业、证券业、保险业"三驾马车"齐心协力，合力攻坚；四是特惠金融"多兵种联合作战"部门联动工作机制形成。

特惠金融理论的成功实践，是在习近平同志关于扶贫开发重要论述精神指引下，坚持理论创新、制度创新、实践创新的结果，是用中国特色的办法措施破解金融扶贫世界性难题，彰显我国政治优势、制度优势和治理效能。我们要坚定"四个自信"，发挥既有优势，推动特惠金融理论不断发展、实践继续深化。

坚定道路自信，坚持以需求为导向，针对贫困地区、贫困人口的需求，"量体裁衣"，精准供给，深入推进金融供给侧结构性改革。

坚定理论自信，深刻认识精准扶贫理论是习近平新时代中国特色社会主义思想的重要组成部分，是马克思主义反贫困理论中国化的最新成果，坚持与时俱进、理论创新，用精准扶贫精准脱贫基本方略指导金融扶贫工作。

坚定制度自信，发挥社会主义制度优势，凝聚各方力量参与金融扶贫工作。继续落实好"包干服务""四单政策""一站式结算""绿色通道"等行之有效的、成熟的制度。

坚定文化自信，坚持金融扶贫实践中蕴含的"同舟共济"思想、"防范风险"意识和仁爱精神，弘扬互助文化、精准文化、诚信文化等优秀传统文化，全面提升金融扶贫质量和水平。

行之力则知愈进，知之深则行愈达。当前，脱贫攻坚已经进入决战决胜、全面收官的关键阶段，困扰中华民族几千年的绝对贫困问题即将历史性地得到解决。但消除绝对贫困以后，相对贫困、相对落后、相对差距还将长期存在，人民日益增长的美好生活需要和不平衡不充分发展之间的矛盾还是社会主要矛盾，解决这些问题和矛盾，需要继续深入推进金融供给侧结构性改革，继续把特惠金融理论和实践成果书写在中国大地上，继续为实现"两个一百年"奋斗目标贡献金融力量。

2020 年 6 月

目 录

第一章 特惠金融概述 ·· 1
  第一节 特惠金融的界定 ·· 2
  第二节 特惠金融的基本特征 ······································ 5
  第三节 特惠金融的发展原则 ······································ 7
  第四节 特惠金融的现实意义 ······································ 9

第二章 特惠金融理论基础 ·· 12
  第一节 贫困成因理论 ·· 12
  第二节 减贫理论 ·· 17
  第三节 农村金融发展理论 ·· 21
  第四节 普惠金融理论 ·· 23
  第五节 蓝海战略和长尾理论 ······································ 25

第三章 特惠金融政策体系 ·· 28
  第一节 特惠金融总体政策 ·· 29
  第二节 银行业特惠金融政策 ······································ 39
  第三节 保险业特惠金融政策 ······································ 52
  第四节 证券业特惠金融政策 ······································ 58

第四章　特惠金融实践探索与案例分析 ············· 62
第一节　银行业特惠金融实践探索 ············· 62
第二节　保险业特惠金融实践探索 ············· 79
第三节　证券业特惠金融实践探索 ············· 105
第四节　地方政府特惠金融实践探索 ············· 115

第五章　特惠金融创新突破与发展成效 ············· 136
第一节　特惠金融创新突破 ············· 136
第二节　特惠金融实践的发展成效 ············· 150

第六章　特惠金融发展存在的问题 ············· 165
第一节　地方政府层面特惠金融发展存在的问题 ············· 165
第二节　银行业特惠金融发展存在的问题 ············· 167
第三节　保险业特惠金融发展存在的问题 ············· 172
第四节　证券业特惠金融发展存在的问题 ············· 175

第七章　创新发展特惠金融的对策建议 ············· 179
第一节　中央部门层面特惠金融创新发展的对策建议 ············· 179
第二节　地方层面特惠金融创新发展的对策建议 ············· 181
第三节　银行业特惠金融创新发展的对策建议 ············· 185
第四节　保险业特惠金融创新发展的对策建议 ············· 193
第五节　证券业特惠金融创新发展的对策建议 ············· 196

参考文献 ············· 204

后记 ············· 207

第一章 特惠金融概述

2015年11月27日至28日，中央扶贫开发工作会议在北京召开。习近平同志强调，消除贫困、改善民生、逐步实现共同富裕，是社会主义的本质要求，是中国共产党的重要使命。全面建成小康社会，是中国共产党对中国人民的庄严承诺。脱贫攻坚战的冲锋号已经吹响。全国人民立下愚公移山志，咬定目标、苦干实干，坚决打赢脱贫攻坚战，确保到2020年所有贫困地区和贫困人口一道迈入全面小康社会。

2017年10月18日，习近平同志在党的十九大报告中指出，坚决打赢脱贫攻坚战。要动员全党全国全社会力量，坚持精准扶贫、精准脱贫，坚持中央统筹、省负总责、市县抓落实的工作机制，强化党政一把手负总责的责任制，坚持大扶贫格局，注重扶贫与扶志、扶智相结合，深入实施东西部扶贫协作，重点攻克深度贫困地区的脱贫任务，确保到2020年我国现行标准下农村贫困人口实现脱贫，贫困县全部摘帽，解决区域性整体贫困，做到脱真贫、真脱贫。

在脱贫攻坚过程中，特惠金融是为满足贫困群众日益增长的美好生活需要、在普惠金融基础上创新发展的新枝,是普惠金融的实现方式。特惠金融具有与传统金融不同的概念、特征和发展原则,对我国经济和社会发展具有重要的现实意义。

第一节 特惠金融的界定

一、普惠金融

普惠金融(Inclusive Finance System)这一概念最早在2005年由联合国提出,是指能有效地、全方位地为社会所有阶层和群体提供服务的金融体系。

2013年11月12日,中共十八届三中全会通过的《中共中央关于全面深化改革若干重大问题的决定》提出,发展普惠金融,鼓励金融创新,丰富金融市场层次和产品。这是"普惠金融"概念第一次正式写入党的文件。[①]

2015年12月31日,国务院印发了《推进普惠金融发展规划(2016—2020年)》,对普惠金融的内涵作出界定:立足机会平等要求和商业可持续原则,以可负担的成本为有金融服务需求的社会各阶层和群体提供适当、有效的金融服务。小微企业、农民、城镇低收入人群、贫困人群和残疾人、老年人等特殊群体是当前我国普惠金融的重点服务对象。

---

① 中国共产党第十八届中央委员会. 中共中央关于全面深化改革若干重大问题的决定[Z]. 2013-11-12.

二、特惠金融

特惠金融，是在普惠金融基础上，为特定领域、特定区域、特定人群提供更加优惠、便捷、高效的金融服务的统称。本书所研究的特惠金融，特指服务于国家脱贫攻坚战略部署、保障脱贫攻坚任务如期完成，为贫困地区和建档立卡贫困户提供的更加优惠、便捷、高效的金融服务的统称。

三、特惠金融产生的背景

2015年10月，党的十八届五中全会公报提出到2020年实现全面建成小康社会的目标要求："我国现行标准下农村贫困人口实现脱贫，贫困县全部摘帽，解决区域性整体贫困。"[①]

2015年11月，《中共中央 国务院关于打赢脱贫攻坚战的决定》提出，"到2020年，稳定实现农村贫困人口不愁吃、不愁穿，义务教育、基本医疗和住房安全有保障。实现贫困地区农民人均可支配收入增长幅度高于全国平均水平，基本公共服务主要领域指标接近全国平均水平。确保我国现行标准下农村贫困人口实现脱贫，贫困县全部摘帽，解决区域性整体贫困"。[②]中央扶贫开发工作会议向全党发出了打赢脱贫攻坚战的总动员令，吹响了脱贫攻坚战决胜阶段的冲锋号，是我国反贫困史上具有里程碑意义的重要会议。

我国贫困人口多分布在自然条件差、基础设施薄弱、产业发展滞后的地区，贫困程度深，致贫原因复杂，脱贫攻坚既面临一些多年未解决的深层次矛盾和问题，也面临不少新情况和新挑战，减贫

---

① 新华社．中国共产党第十八届中央委员会第五次全体会议公报［Z］．2015 – 10 – 29．
② 中共中央、国务院．关于打赢脱贫攻坚战的决定［Z］．2015 – 11 – 29．

难度较大，采用常规思路和办法按部就班推进难以完成任务。因此，脱贫攻坚要用超常规思路和办法。

金融是经济发展的血液，金融扶贫是打赢脱贫攻坚战的关键之举。习近平同志指出"要做好金融扶贫这篇文章"，李克强同志提出走出一条有中国特色的金融扶贫之路。贫困地区金融发展水平低，贫困户金融意识薄弱，运用金融工具的能力较低，金融扶贫的难度大。《中共中央 国务院关于打赢脱贫攻坚战的决定》明确提出金融扶贫20条举措，这些举措都是不同于传统金融的一些非常规思路和办法，如为贫困户提供免抵押免担保扶贫小额信贷；设立扶贫再贷款，实行比支农再贷款更优惠的利率，重点支持贫困地区发展特色产业和贫困人口就业创业；支持贫困地区设立扶贫贷款风险补偿基金；支持贫困地区设立政府出资的融资担保机构，重点开展扶贫担保业务；积极发展扶贫小额贷款保证保险，对贫困户保证保险保费予以补助；等等。《中共中央 国务院关于打赢脱贫攻坚战的决定》为特惠金融创新发展提供了基本的政策依据。

四、普惠金融与特惠金融的关系

要准确理解特惠金融的概念与内涵，应当正确认识特惠金融与普惠金融的关系。特惠金融与普惠金融是有机的统一，两者相辅相成，相得益彰。

第一，普惠金融是根基，特惠金融是新枝。第二，普惠金融是特惠金融的价值取向，特惠金融是普惠金融的实现方式。第三，普惠金融注重公平性问题，特惠金融更注重针对性问题。第四，普惠金融强调商业可持续性，特惠金融则强调可持续性与公平性相平衡。第五，普惠金融强调服务对象的全面性和政策、产品、服务的普适性，特惠金融强调服务对象的特定性和政策、产品、服务的专适性。

发展特惠金融，是我国全面建成小康社会的必然要求，有利于促进金融业可持续均衡发展，推动大众创业、万众创新，助力欠发达地区和贫困户等弱势群体发展增收，助推经济发展方式转型升级，增进社会公平与社会和谐。

第二节 特惠金融的基本特征

特惠金融是国家在实施脱贫攻坚战略的特定时期萌发出来的普惠金融新枝，具有一些与传统金融不同的基本特征[①]。

一、支持对象的特定性

特惠金融主要服务于国家脱贫攻坚战略部署，保障脱贫攻坚任务如期完成，致力于支持国家扶贫开发工作重点县、集中连片特殊困难地区、省级扶贫开发重点县和其他有贫困人口插花分布县的扶贫开发工作，重点为建档立卡贫困村、贫困户和新型农业经营主体提供专属特惠的金融产品和服务。也就是说，特惠金融是根据经济社会发展特殊需要进行的金融创新，具有特定的服务对象。

二、金融供给的包容性

特惠金融以增进民生福祉为目的，让贫困地区和贫困人口能够以平等的机会、特惠的价格享受到满足自身脱贫致富需求的金融政策、产品和服务。为此，要不断提高特惠金融服务的覆盖率，明显

---

① 吴华. 特惠金融理论与实践[J]. 学习与研究, 2016 (11): 64-65.

增强贫困地区和贫困人口对特惠金融服务的获得感,显著提升贫困群体对金融服务的满意度,撬动更多金融资源流入贫困地区减贫发展的"末梢"。

三、政策取向的益贫性

金融行业是市场属性和社会属性高度融合的行业。市场属性要求其在风险可控、经营可持续的基础上追求盈利最大化;而社会属性则要求其做到资源配置的公平公正,在短期利润目标和长期可持续增长之间取得平衡。特惠金融的设计初衷,是为了促进金融体系在统筹考量发展规划的基础上,加大倾斜性的资源配置力度,特别配置一部分资源,重点支持贫困地区和贫困人口脱贫致富。这部分资源要按照保本微利原则,最大限度地让利于民、让利于贫,让贫困地区和贫困群众获得更多实惠,实现经济效益和社会效益的有机统一,体现金融机构的政治担当和社会责任。

四、参与主体的多样性

特惠金融不是金融业的单打独斗,它需要各方协同配合,发挥各方合力才能取得预期效果。从金融行业内部看,无论是政策性、商业性、开发性、合作性金融机构,还是银行业、证券业、保险业,以及中央银行和金融监管部门,都应从实际出发,推出针对性的政策、产品和服务,积极作为。从国家职能部门看,无论是财政部、发展改革委、农业农村部还是扶贫办,都应积极参与,协同发力。从各地情况看,不仅中西部的部门和机构责无旁贷,随着东西部扶贫协作的进一步深化,而且东部地区的部门和机构也应投身其中,有所作为。

五、减贫发展的持续性

特惠金融重点支持贫困地区、贫困群众发展增收产业,拓宽贫困户增收渠道,提升"造血"功能。特惠金融不仅可以满足贫困地区和贫困人口短期低成本的资金需求,还可通过市场机制和市场环境的逐步培育、社会信用体系的不断完善、市场参与能力的稳步提升、长期合作关系的日益巩固,增强贫困户自身发展的内在动力,巩固脱贫成效,实现稳定脱贫不返贫,解决长期可持续发展问题。

第三节 特惠金融的发展原则

发展精准扶贫特惠金融要牢牢把握"一个根本、四个基本"的主线,即发展特惠金融的根本目的在于打赢脱贫攻坚战,必须紧紧围绕农村贫困人口限期脱贫的基本目标,必须贯彻精准扶贫、精准脱贫的基本方略,必须坚持开发式扶贫的基本方针,必须坚持"定向、精准、特惠、创新"的基本原则。

一、定向是基础

特惠金融是针对特定地区、特困人群,在特定时间实施的特别优惠的金融扶持政策,应打通金融服务"最后一公里",确保特惠金融政策精准滴灌到贫困地区和贫困户。首先要把政策准确定位到有效增加对贫困地区和贫困人口的金融供给上,增加供给总量,完善供给结构,丰富供给产品,便利供给服务,有效满足贫困地区和贫困人口的金融需求,不断提升金融服务的广泛性、可及性和便利性。这是一个特殊细分的市场,应注意避免非定向地区和非定向人群挤占特惠金融资源。

二、精准是要义

扶贫开发贵在精准，重在精准，制胜之道在于精准。特惠金融核心是要做到精准对接贫困地区发展规划，精准对接"五个一批"细分群体，找准金融支持的切入点。特惠金融应做到：精准对接特色产业金融服务需求，支持贫困人口增收脱贫；精准对接贫困人口就业就学金融服务需求，增强贫困户自我发展能力；精准对接易地扶贫搬迁需求，支持贫困人口搬得出、稳得住、逐步富；精准对接重点项目和重点地区等民生领域金融服务需求，夯实贫困地区经济社会发展的基础。

三、特惠是关键

特惠金融首先要解决好"最先一公里"问题，通过专门研究制定有针对性的政策、产品、服务等，切实降低融资成本，保障金融资源供给充分。要简化金融服务流程，提高金融服务的便利性。特惠金融触角要延伸至"最后一公里"，通过特惠金融政策的扶持，使欠发达地区、弱势群体在发展初期有助力，做大做强有动力。特惠金融支持要贯穿于脱贫奔小康的各个环节，重点是激发内生动力，培养可持续发展的能力。在具体实践中，既要注意防止用普惠政策替代特惠政策，也要防止把特惠政策泛化变成普惠政策。

四、创新是动力

金融扶贫是世界性难题，没有太多成熟的现成经验可借鉴，很多问题都要靠创新、靠变革来解决。应逐步完善特惠金融政策体系，完善金融服务体制机制，构建政府力量、市场力量、社会力量和群众力量优势互补、协同推进的工作机制。应坚持分类指导、因地制宜，坚持精细服务、量身定制，坚持与时俱进、变化变革，创新政策、产品和服务，创新机制、方式和工具，促进金融资源配置方向和方式的突破、治理机制的变革，助推供给侧结构性改革，依靠创新来破解金融扶贫这一世界性难题。

第四节 特惠金融的现实意义

《中共中央 国务院关于打赢脱贫攻坚战的决定》对金融扶贫工作提出20条具体要求，涉及金融体系的方方面面。从中可以看出，金融扶贫是新一轮扶贫开发适应市场经济要求、拓展资金渠道的重大举措，是扶贫投入的坚实保障，是脱贫攻坚强有力的支撑。在脱贫攻坚冲刺阶段，更好地发挥金融先行前导作用，更多挖掘金融扶贫潜力，推进普惠金融向特惠金融延伸和深化，对于精准扶贫、精准脱贫，具有重大理论创新、政策创新和路径创新的意义。

一、促进金融市场发展再平衡

一个地区的金融市场发展水平是和本地区经济发展水平相适应的。改革开放以来，东部沿海地区经济率先发展，与之相适应，整个东部地区金融市场化程度远高于中西部地区，特别是贫困地区。随着我国供给侧结构性改革的深入推进，着力实现经济发展再平衡，包括金融市场发展的再平衡，也是应有之义。应通过特惠金融政策推动，促进贫困地区信贷市场、保险市场和资本市场加快发展，借助金融市场的引领作用和区域发展的再平衡，补齐贫困地区基本金融服务不完善、服务能力不强、服务产品不足的"短板",为实现金融市场发展再平衡创造条件。

二、促进金融资源配置逆调节

过去,由于经济体量和发展战略的原因,整个金融资源配置向发达地区、支柱行业以及经济社会发展重点领域倾斜,无论是信贷投入总量、存贷比例、直接融资企业数量,还是金融机构设置情况,贫困地区均处于相对落后的位置。在市场竞争条件下,金融机构出于追求利益最大化和风险最小化的考虑,很难将金融资源投向贫困地区和贫困人口,金融资源不充分的问题在贫困地区长期凸显。但通过特惠金融政策安排,加之财政政策、产业政策配合,金融机构也逐步消除顾虑,金融资源配置的逆向调节作用得以发挥,从而推动更多的金融资源反向回流到贫困地区和贫困人口,支持贫困地区基础设施建设、特色产业发展和贫困户创业增收。

三、促进金融精准服务更有效

精准扶贫、精准脱贫是脱贫攻坚的基本方略,根据贫困地区、贫困户不同的致贫原因和致贫类型,要进行靶向治疗、精准施策。与之相对应,特惠金融应精准对接特定脱贫对象的金融需求,根据产业发展、扶贫搬迁、基础建设、创业就业等需要,以及因病因灾致贫返贫情况,创设有针对性的特惠金融扶持政策、产品和服务,提高金融精准服务的有效性,促进金融要素"靶向"配置,实现金融资本经济效益和社会效益的共赢。

四、促进金融治理机制更完善

金融行业本身具有基本公共服务的属性。传统商业特征的金融服务往往过多强调资本回报率，给人"嫌贫爱富""锦上添花"的观感，贫困地区和贫困人口很难获取满足自身需要的金融服务。政府"看得见的手"如果不发挥政策引导作用，仅凭市场"看不见的手"配置金融资源，很难将金融活水引流到贫困地区，滋润到贫困群众。而发展特惠金融，不仅可以遏制金融机构对短期利润的过分关注，还可促使金融治理机制更有包容性、可持续性，使长期发展的均衡机制得以建立。通过金融治理机制的完善，人文关怀的倾注，树立共建共享的发展理念，增进社会公平与社会和谐。①

---

① 吴华. 特惠金融理论与实践 [J]. 学习与研究, 2016 (11): 64–69.

第二章

特惠金融理论基础

理论来自实践，理论高于实践，理论指导实践。特惠金融必须坚持以习近平新时代中国特色社会主义思想为指导，针对特定地区、特困人群、特定时间，制定和实施特别优惠的金融扶持政策。特惠金融的实践探索具备经济学、社会学和管理学领域的理论支撑。

第一节 贫困成因理论

一、人口陷阱论

英国人口理论经济学家托马斯·罗伯特·马尔萨斯（Thomas Robert Malthus，1798）从人口学角度寻找贫困原因，他在《人口原理》中详细论述了人口增长与物质资料增长的关系。第一，由于人口过多，增长速度过快，造成对粮食等生活资料的需求过大，一旦这一过程趋于恶化，其结果只能是出现饥荒和死亡。由于物质资料的增长落后于人口的增长，生活资料难以满足需要，导致贫困。在生产工具落后、土地资源有限的情况下，贫困家庭想通过增加人口从而增加劳动力来获得更多的生活资料，这又会进一步加剧人口与生活资料的矛盾。第二，当人均收入提高时，人口增长率也随之提高，导致人均收入又会退回到原来的水平。在最低人均收入水平和增长到与人口增长率相一致的人均水平之间，存在一个"人口陷阱"。在这个陷阱中，任何超过最低水平的人均收入的增长都要被人口增长抵消。第三，只要生活资料增长，人口就一定会增长，除非受到某种抑制，且人口的增殖力要远远大于人类生产生活资料的能力，因为食物供应是按算术级数增长，人口则是按几何级数增长的，因此贫困不可避免。对于"人口陷阱论"，今天的认识是，人口过多会对土地资源、环境等形成压力，阻碍经济的发展，甚至导致贫困现象的产生，但它只是贫困产生的原因之一。

二、资本匮乏论

资本匮乏论包括"贫困恶性循环"理论、"低水平均衡陷阱"理论和"临界最小努力"理论。

1. "贫困恶性循环"理论。拉格纳·纳克斯（Ragnar Nurkse，1953）在《不发达国家的资本形成》中提出了"贫困恶性循环"（the Vicious Cycle of Poverty）理论，主要从需求与供给两个方面探讨相互关联的储蓄、投资、产出与消费之间的关系。从资本需求方面来看，由于发展中国家人均收入水平较低，导致低购买力，从而不能吸引投资促进资本形成，资本形成不足又造成生产规模小，生产率难以提高，导致低产出和低收入水平，周而复始形成恶性循环。从资本供给方面来看，由于发展中国家人均收入水平较低，导致低储蓄水平，进而导致资本稀缺、资本形成不足，资本形成不足最终又引起低经济增长率和新一轮的低收入，周而复始形成恶性循环。

这种低水平的需求与供给阻碍了为家庭成员提供良好的健康、教育等福利，并且这种贫困循环能够在代际之间传递，形成了发展中国家在封闭条件下长期难以突破的贫困陷阱。

2. "低水平均衡陷阱"理论。与"贫困恶性循环"理论相联系的是纳尔逊（Nelson，1956）提出的"低水平均衡陷阱"（the Low-Level Euqilibrium Trap）理论：发展中国家的经济中存在一个人均收入的理论值，只要人均收入低于这一理论值，国民收入的增长会被更快的人口增长率所抵消，使人均收入退回到维持生存的水平上，并且固定不变，这就是低水平均衡；当人均收入大于这一理论值，国民收入超过人口的增长，从而人均收入相应增加，直到国民收入增长下降到人口增长时为止，在这一点上，人口增长和国民收入增长达到新的均衡，但这不是低水平均衡，而是高水平的均衡。如果其他条件不变，这种均衡也是稳定的。

3. "临界最小努力"理论。美国经济学家哈维·莱宾斯坦（Harvey Leeibenstein，1957）在《经济落后与增长》一书中提出"临界最小努力"理论（the Theory of Cirtical Minimum Effect）。该理论要点是：发展中国家要打破恶性循环跳出"陷阱"必须先使投资率足以使国民收入的增长超过人口的增长，从而人均收入水平得到明显的提高，即以"临界最小努力"使国民经济摆脱极度贫困的困境。原因是发展中国家经济增长中，存在着两种对立的力量，即提高收入的力量和压低收入的力量。提高收入的力量决定于上一期的收入水平和投资，压低收入的力量决定于上一期的投资规模和人口增长速度。当压低收入的力量大于提高收入的力量时，人均收入的增长会被人口的过快增长所抵消并退回到原来的"陷阱"中；只有当提高收入的力量大于压低收入的力量时，人均收入才会大幅提高，从而打破低收入稳定均衡。"临界最小努力"理论注意到投资规模的积极作用和人口压力造成的威胁，但它过分夸大了资本形成对促进经济增长的重要性。有的经济学家还指出，突破恶性循环，谋求经济增长，并不一定需要一个"临界最小努力"，小量资本投入也可以达到目的。因为，人均收入提高时，资本存量的质量、劳动力素质以及工作技能都可能得到改进。

三、国际依附理论

国际依附理论盛行于20世纪70年代。70年代初，石油危机的爆发使发展中国家处于一种更加不利的国际经济和政治地位。在这种情况下，国际依附理论在发展中国家的知识界获得越来越多的支持。国际依附理论认为，发展中国家的不发达主要是受各种经济、政治和制度上的僵化及不灵活所困扰。这种僵化不仅来自国内，也来自国外。所以，在世界经济中发展中国家实际上处于一种依附地位，第三世界的不发达和不发达状态的继续存在实际上是贫富高度不平等的国际资本主义制度历史演进的结果。现存国际政治和经济发展不平衡，必须对现存国际政治、经济和制度结构进行改造。国际依附理论可以进一步分为两种代表性模型：一种称为新殖民主义依附模型；另一种称为错误示范模型。

新殖民主义依附模型认为，发展中国家的不发达主要归因于资本主义国家和国际经济秩序的存在及其政策，以及发展中国家内部存在的买办集团。不发达主要是由外界因素引发的。在不合理的国际资本主义制度下，一些国家（发达国家）处于中心地位，另一些国家处于边缘地位，由于它们的不平等的权力，使处于边缘地位的发展中国家的发展努力变得十分艰难，甚至完全不可能成功。在这种国际经济秩序下,一些国家的不发达成为另一些国家的发展条件,一些国家可以自我发展,而另一些国家的发展只能作为前一类国家发展的被动反映。因此,在不合理的国际经济秩序下,发展中国家由于各种原因总是处于落后和被剥削状态。这种不平等的中心—外围关系[①]因为发展中国家国内既得利益集团的存在而得到加强,包括发展中国家的一些地主、企业资本家、军阀、商人和政府中的高官、工会的上层领导人等组成的既得利益集团,享受着很高的收入,把持着巨大的权力,不管是自觉还是不自觉,他们的基本利益是与不合理的国际资本主义秩序相适应的。因此,他们直接或间接地服务于国际特殊利益集团,像世界银行、国际货币基金组织等国际组织。这些既得利益集团的活动和他们所持的观点,实际上不允许任何能让更多老百姓受益的真正的发展努力取得成效,在许多情况下,甚至让老百姓的生活更加困苦,使不发达永久化。

错误示范模型认为,发展中国家的不发达是一些国际多边机构和来自发达国家(地区)的援助机构的"专家"的错误指导造成的。这些所谓专家心存偏见,对发展中国家的真实情况又知之甚少,却指手画脚,提出一些非常炫目的概念、高深的理论结构和复杂的计量经济学模型,导致一些不适合发展中国家实际情况的错误政策。另外,发展中国家的一些知识界人士和政府官员等,在西方发达国家接受教育,他们接受的是与发展中国家实际情况不相干的理论和知识,不能抓住发展中国家发展问题的实质,也就不能提出发展中国家摆脱贫困的有效途径和政策,因而一些人们所希望的经济和制

---

① 埃及经济学家萨米尔·阿明提出中心—外围理论。1976年他在《不平等的发展》一书中评析了非洲不发达的原因,认为处于世界体系外围的非洲国家,依附于处于中心地位的发达国家,中心对外围的控制和剥削,是外围国家不发达的重要原因。

度上的改革不能得到实行。

第二节 减贫理论

一、经济增长理论

经济学界认为,经济增长是缓解发展中国家贫困的首要途径,因此追求国民经济快速增长是发展中国家的首要任务。只要社会财富总量增加,不仅国家可以迅速摆脱贫穷落后的局面,国民也会因为"涓滴效应"和"扩散效应"摆脱贫困状态。罗斯托的经济成长理论和钱纳里的发展模式结构变动模型是最具代表性的经济增长理论。

罗斯托认为,根据各国发展的历史事实,每一个国家的经济发展都需要经历传统社会阶段、为起飞创造条件阶段、起飞阶段、向成熟推进阶段和高额群众消费阶段、追求生活质量阶段。在经济成长的各阶段,起飞阶段是最关键的阶段。经济起飞一般是由一个或多个主导部门的发展推动的。主导部门的发展又带动了辅助部门的发展。在罗斯托的经济成长阶段理论中,特别强调资本积累的重要性。他认为发达国家的经济都已经过了起飞阶段,而仍处于为起飞创造条件阶段的发展中国家必须动员国内和外国储蓄以产生足够的投资去加速经济增长,使经济起飞,然后顺序进入经济的自我持续增长阶段。这里,投资越多经济增长越快的经济机制可以用哈罗德—多马经济增长模型[1]来解释。

---

[1] 哈罗德—多马经济增长模型的简单方程式为:$\Delta Y/Y = S/K$。它表明,一个国家或一个地区的国民生产总值增长率与其储蓄率成正比,与其资本—产出比率成反比。

钱纳里的发展模式结构变动模型，既从横向的某一个时点上，也从纵向的时间序列上观察处于不同人均收入的发展中国家，最后得出了一个经济结构随经济发展的"正常"变动模式。这种变动包括从农业生产向工业生产的转变；消费者需求从重视食品和生活必需品的消费向要求多样化的制造业产品和劳务消费方向的变化；由于人口从农村向城市转移，推动城市的增长和城市工业的变化等。发展模式把资本积累看作是经济发展的必要条件而不是充分条件。所以，发展模式除了要求发展中国家必须增加储蓄以促进增长外，也要求发展中国家积累物质资本和人力资本以及相应经济结构发生变动。发展中国家的规模、自然资源禀赋、政府政策、接受外国投资和技术、国际贸易环境等情况都存在差异，因而它们经济发展的速度和模式不可能一样。钱纳里的发展模式结构变动模型只能提供一种参考。

虽然经济增长本身十分重要，是消除贫困的必要条件，但发展中国家的贫困问题不会随着经济增长自然而然地解决。发展的非均衡性和"重增长、轻分配"的分配制度，使"有增长、无发展"成为人们关注的重点，各国开始反思和探索新的经济社会发展道路。

二、人力资本投资理论和内生增长理论

西奥多·W·舒尔茨把人力资本缺乏视为发展中国家的贫困主因，并相应提出减贫的人力资本投资理论。1961年他在《论人力资本投资》一书中提出，传统的古典经济学单纯从自然资源、土地和资金出发，不能解释生产力提高及财富增长的全部原因。人的知识、能力、健康等人力资本的提高对经济增长的贡献尤为重要。人力资本投资的主要内容包括教育与培训、医疗与保健、鼓励劳动力流动

及引进高素质移民等,其中教育投资在人力资本形成中起关键作用。舒尔茨在《改造传统农业》一书中指出,解决农民问题的关键是增加人力资本投资,这种投资的收益率高于其他投资,一个受过教育的农民通过接受新知识、新技术,可以靠自己的能力在市场上竞争实现脱贫致富。人力资本理论的一系列观点为世界范围蓬勃兴起的"知识经济"所印证,对发展中国家反贫困实践产生深远影响,发展中国家反贫困战略逐渐扩展到卫生、教育等社会领域。

内生增长理论(又称新经济增长理论)建立了一个理论框架,试图从经济系统内部因素解释技术进步,并结合世界各国经济发展的现实提出了技术内生化的思路。第一,先把技术进步具体化为人力资本积累。由于人力资本积累的外部效应,即全社会平均的人力资本水平提高使生产要素的收益和规模收益递增,从而使经济保持长期增长。人力资本既可以通过脱离生产的学校教育累积,也可以通过不脱离生产岗位的边干边学累积。第二,把技术视为一种知识,通过知识积累的外部效应,即全社会总体知识水平的提高所带来的生产要素和规模收益递增来说明经济的长期增长;也可以通过对运用人力资本和已有的知识存量来生产新知识的研究开发部门的投资,不断引入新产品,使劳动分工不断加强所导致的规模收益递增及技术进步自身的溢出效应所带来的收益递增来保证长期经济增长。内生增长理论的理论意义在于,它认为一国经济长期增长的最终源泉可以归结为人力资本和知识的生产与积累。一个国家运用教育和研究开发进行直接激励的政策对经济增长最为有效,所以一国政策重点应当放在支持教育及研究开发上。内生增长理论的实践意义在于,它有助于解释国际资本流动是怎样加剧了发达国家与发展中国家财富的不均衡状况。但内生增长理论过分强调外部效应和收益递增的重要性,缺乏对技术进步过程中制度性因素演变的分析。

三、综合减贫理论

缪尔达尔(Myrdal,1957,1968)全面系统地研究了发展中国家贫困的原因和症结,针对破解低收入与贫穷的累积性循环提出了综合性缓解贫困的政策建议:主张改革政治权力关系、土地关系以及教育制度、人口制度,实现收入平等,增加贫困人口消费吸引投资。同时增加储蓄以促进资本形成,使生产率和社会产出水平获得提高,最终提高发展中国家的人均收入。他还主张采用地区不平衡发展战略,使一些条件较好的区域积累有利因素超前发展,再利用回流效应带动其他地区发展。该理论对发展中国家反贫困实践具有重要的指导意义。亚洲的印度、印度尼西亚和中国等国家吸收了该理论的内核,制定出满足人类基本需要的反贫困战略,为贫困人口特别是农村贫困人口提供基本的商品和服务,包括基本食物、水与卫生设施、健康服务、初级教育与住房等。[1]

四、精准扶贫理论

精准扶贫理论是习近平同志从全面深化扶贫领域改革、完善贫困治理的高度,提出的重要方略,是中国特色扶贫开发理论和实践创新的最新成果。精准扶贫的主要内容是"六个精准",即扶持对象精准、项目安排精准、资金使用精准、措施到户精准、因村派人精准、脱贫成效精准。"六个精准"覆盖对象识别、项目帮扶、资金支持、脱贫退出等各个方面,用精准理念贯通扶贫开发全流程,转变

---

[1] 吴华. 中等收入阶段中国减贫战略研究[M]. 北京:经济科学出版社,2015:46-52.

扶贫思路和方式，为脱贫攻坚指明方向。精准扶贫的具体路径是"五个一批"，即发展生产脱贫一批，易地搬迁脱贫一批，生态补偿脱贫一批，发展教育脱贫一批，社会保障兜底一批。"五个一批"提高扶贫开发的精准度和有效性。精准扶贫要重点把握好"四个问题"，即扶持谁、谁来扶、怎么扶、如何退。"四个问题"抓住脱贫攻坚的关键，明确脱贫攻坚的工作对象、工作责任、工作措施、工作程序，为考核脱贫攻坚责任、政策和工作落实情况、检验脱贫成果提供依据。

精准扶贫理论的科学内涵可以用4句形象的话来阐释：一是"精准滴灌"，科学配置资源，使扶贫路径延伸到最后一公里，让政策红利到户到人，解决"滴得到"的问题。二是"靶向治疗"，对症对因对病灶下药，使扶贫措施有的放矢，解决"滴得准"的问题。三是"测土配方施肥"，缺什么补什么，使扶贫资源配置更加精确，解决"滴得有效"的问题。四是"量体裁衣"，根据身体条件来定制衣服，使扶贫政策供给与需求相匹配，解决"滴得合适"的问题。

在金融扶贫领域实施精准扶贫，要坚持金融政策与扶贫政策协调，坚持创新发展与风险防范统筹，精准推动贫困地区金融服务到村到户到人，努力让每一个需要金融服务的贫困人口都能便捷地享受到现代化金融服务，为打赢脱贫攻坚战、全面建成小康社会目标提供有力有效的金融支撑。

第三节　农村金融发展理论

一、农业信贷补贴理论

20世纪80年代之前占主导地位的是农业信贷补贴理论，有两个假设：（1）农业生产的季节性，受环境的影响大；（2）贫困户的低收入无法满足农业生产的资金缺口。因此，农业信贷补贴理论认为，要想缓解农村地区资金供给不足的状况，促进农业生产需要外部注资，特别需要政府建立政策性金融机构参与资金分配，通过银行在农村地区的分支机构或合作金融组织把信贷资金注入农村。同时为了缩小与其他产业的差距，农村应该降低农业产业的融资利率。此外，该理论认为非正规金融不利于农村地区的发展，因此要对其实行强制取缔或者排挤政策。随着农业信贷补贴理论在实践中运用，一些发展中国家设立政策性金融机构。

二、农村金融市场理论

20世纪80年代之后，随着人们对农村金融市场的认识不断深化，新生的农村金融市场理论代替农业信贷理论占据主导地位，该理论强调市场机制在农村金融中的作用。它的假设前提包括：一是农民包括贫困户也是有储蓄能力的；二是低息贷款降低农民的储蓄意愿，不利于农村金融机构的发展；三是政府过多向农村金融机构提供政策性资金使农村金融机构过多依赖外部资金，造成资本回收率低；四是非正规金融机构有其存在的合理性和必要性。

三、不完全竞争市场理论

20世纪90年代拉美及亚洲地区爆发严重的金融危机，使人们认识到完全的市场机制是有局限性的，金融自由化是渐进的进程。人们普遍认识到要培育有效率的金融市场，仍需一些政策性的、非市场的要素参与进来。

斯蒂格利茨（Stiglitz）以信息不对称等为基础提出不完全竞争市

场理论：由于发展中国家的不完全竞争市场，尤其是借贷双方信息不对称，贷款方金融机构根本无法充分掌握借款方农户个体的实际情况，如果完全依靠市场机制，无法培育出一个社会需要的农村金融市场。为了弥补市场失灵，顺利地营建一个良好健全的金融市场，需要政府以适当的方式介入。

在我国贫困地区，农村金融市场是不完全竞争市场的特征更加凸显。农村金融产品和服务的供给方（金融机构）对需求方（贫困户）的情况无法充分掌握（不完全信息），依靠市场机制无法培育出高效的农村金融市场。为了补救市场失灵，需要政府以倾斜性扶持政策及产业、财政政策等非市场化方式适当介入和引导。因此，金融机构在贫困地区培植产业、提供服务，应在坚持市场化理念的基础上，以特惠政策为先导和抓手，逐步建立和培育适合贫困地区、贫困人口的特惠金融市场，并逐步过渡到有效金融市场。

第四节 普惠金融理论

普惠金融的概念源于普惠性金融体系（Inclusive Financial System），是联合国在推行"2005小额信贷国际年"活动中首先使用的词汇，是指能有效地、全方位地为社会所有阶层和群体提供服务的金融体系。基本内容包括三个方面：（1）普惠金融是一种理念，每个人都应该有平等地享受金融服务的权利，无论是穷人还是富人，只有这样才能让每个人都有机会参与经济发展；（2）普惠金融是一种创新，为了让每个人都获得金融服务，应在金融体系内进行制度、机构和产品等方面的创新；（3）普惠金融是一种责任，是为传统金融机构服务不到的低端客户，如中低收入者、贫困人口和小微企业提供金融服务。

焦瑾璞（2005）提出，普惠金融有别于传统金融，它强调要构建一个包容性的金融体系，目标是能够在任何经济主体有金融服务需求的时候为其提供理想金融服务。普惠金融理论认为：第一，享受金融服务是每个人的权利，所有人都应该被赋予享受均等金融服务的权利；第二，要制定合理完善的制度，实现金融服务供给与需求之间的匹配；第三，在一个成熟的普惠金融体系下，每个经济主体都可以得到其所需要的合理的金融服务。

普惠金融的"普"与"惠"高度概括了普惠金融的内涵。首先，普惠金融的"普"字，说明了金融服务的普遍性，体现的是一种平等权利。即所有人应该有获得金融服务的机会，从而保证其有效地参与到社会的经济发展当中，进而实现全社会共同富裕、均衡发展的目标。其次，普惠金融的"惠"字即惠民，指金融服务的目的就是便利金融的需求者，强调金融对普通人特别是贫困弱势群体的支持，体现了金融为人民改善生活水平、为企业提供融资渠道带来便利。[①]

与传统金融相比，普惠金融具有以下特点：（1）公平性。普惠金融的公平性是指金融不能仅仅服务于富人，而应使所有群体和各种企业都能有享受合理金融服务的机会，特别是要使小微企业、城市低收入群体和农民等弱势群体获得这样的机会，实现金融公平是普惠金融的特点之一。（2）多元性。普惠金融的多元性是指普惠金融的提供机构众多，且主要为正规金融机构。目前能够提供普惠金融服务的金融机构主要包括商业性金融、政策性金融、合作性金融等正规金融组织以及私人钱庄、民间金融借贷等非正规金融组织。

[①] 焦瑾璞，王爱俭. 普惠金融基本原理与中国实践［M］. 北京：中国金融出版社，2015：3-4.

普惠金融的提供机构具有数量多、组织形式多样的特点。随着普惠金融的发展,由具有较高风险防范能力的正规金融机构向低收入群体、小微企业提供有保障的、受监管层监管的正规金融服务,能够有效保障他们获得合理的金融服务。(3) 丰富性。普惠金融的丰富性是指其业务种类多样化。普惠金融的金融服务不仅仅是向客户提供不同期限的信贷业务,还包括保险、储蓄、转账、汇款、租赁、抵押等全功能、多层次的金融服务。通过不同类型的普惠金融服务可以满足不同阶层客户的金融需求,使其以合理价格获得所需的金融服务。(4) 政策性。普惠金融的政策性是指普惠金融机构具备较完善的内部管理体制、健全的市场监管体系、合理的行业标准,并且在特定的市场环境下,政府能够发挥适当的作用,提供合理的政策指导和监管环境。在机构和政府双重作用的推动下,实现普惠金融的可持续发展。[1]

普惠金融重视消除贫困、实现社会公平,这是发展特惠金融的根基和源泉。普惠金融需要讲究市场性原则,在发展普惠金融过程中,既要满足更多群体的需求,也要让供给方合理受益。

特惠金融是在普惠金融的基础上,针对特定地区和特定人群,采取更优惠的扶持措施、更大的扶持力度和更精准的方式,实施金融服务。

第五节　蓝海战略和长尾理论

一、蓝海战略

蓝海战略是一种竞争战略,与"红海战略"对称,是指企业打

---

[1] 焦瑾璞,王爱俭. 普惠金融基本原理与中国实践 [M]. 北京:中国金融出版社,2015:6-7.

破现有产业的边界,摆脱激烈的竞争,开拓新的、未被竞争对手重视的市场领域,在一片全新的、无人竞争的市场中获取更高利润。因把无人竞争的市场比作没有血腥的蓝海,故称蓝海战略。

蓝海战略的基本核心点就是谁能够率先发现新的市场空间,谁能够在产品与消费者之间创造一个彼此都满意的价值链,谁就会在市场竞争中占得先机。

"蓝海战略"认为,市场存在未知的或者竞争薄弱空间,而这些空间能产生高增长和高利润。贫困地区和贫困群体一直是金融机构发展业务的薄弱环节,金融发展水平很低,金融资源奇缺,金融市场竞争不充分,对于金融机构而言是孕育巨大商机、可以大展宏图的"蓝海"。

二、长尾理论

长尾(The Long Tail)这一概念是由美国人 Chris Anderson 在 2004 年最早提出,用来描述诸如亚马逊和 Netflix 之类网站的商业和经济模式。

长尾理论认为,由于成本和效率的因素,过去人们只能关注重要的人或重要的事,如果用正态分布曲线来描绘这些人或事,人们只能关注曲线的"头部",而忽略处于曲线"尾部"、需要更多的精力和成本才能关注到的大多数人或事。例如,在销售产品时,厂商关注的是少数几个所谓重要客户,无暇顾及在人数上居于大多数的普通消费者。而在网络时代,由于关注的成本大大降低,人们有可能以很低的成本关注正态分布曲线的"尾部",关注"尾部"产生的总体效益甚至会超过"头部"。例如,某著名网站是世界上最大的网络广告商,它没有一个大客户,收入完全来自被其他广告商忽略的中小企业。Anderson认为，网络时代是关注"长尾"、发挥"长尾"效益的时代。

"长尾"市场也称为"利基市场"，"利基"一词是英文"Niche"的音译，意译为"壁龛"，有拾遗补缺或见缝插针的意思。"利基"是更窄地确定某些群体，这是一个小市场并且它的需要没有被服务好，或者说"有获取利益的基础"。

在金融市场上，贫困地区和贫困户正是被众多金融机构长期忽视的"长尾"，金融需求没有得到充分满足，但是他们人口众多、需求旺盛、潜力巨大，是未来金融机构创收增利的"长尾"。

第三章 特惠金融政策体系

李克强同志在中央扶贫开发工作会议上指出，向贫困人口提供金融服务是个世界性难题，我们要通过综合施策，努力做得更好，走出一条有中国特色的金融扶贫之路。中央扶贫开发工作会议以来，各金融单位积极行动，围绕贯彻《中共中央 国务院关于打赢脱贫攻坚战的决定》提出的金融扶贫20条举措，先后出台中国人民银行等七部委《关于金融助推脱贫攻坚的实施意见》、中国人民银行等五部委《关于加强金融精准扶贫信息对接共享工作的指导意见》、原中国银监会《关于银行业金融机构积极投入脱贫攻坚战的指导意见》、原中国保监会《关于做好保险业助推脱贫攻坚工作的意见》、中国证监会《关于发挥资本市场作用服务国家脱贫攻坚战略的意见》、国务院扶贫办等五部委《关于创新发展扶贫小额信贷的指导意见》、中国人民银行《关于开办扶贫再贷款业务的通知》等政策文件，初步构建"1+N"特惠金融政策框架体系。

第三章 特惠金融政策体系

第一节 特惠金融总体政策

一、《中共中央 国务院关于打赢脱贫攻坚战的决定》

2015年11月29日,《中共中央 国务院关于打赢脱贫攻坚战的决定》指出,"加大金融扶贫力度",为推进特惠金融发展提出了20条具体要求:(1)鼓励和引导商业性、政策性、开发性、合作性等各类金融机构加大对扶贫开发的金融支持;(2)运用多种货币政策工具,向金融机构提供长期、低成本的资金,用于支持扶贫开发;(3)设立扶贫再贷款,实行比支农再贷款更优惠的利率,重点支持贫困地区发展特色产业和贫困人口就业创业;(4)运用适当的政策安排,动用财政贴息资金及部分金融机构的富余资金,对接政策性、开发性金融机构的资金需求,拓宽扶贫资金来源渠道;(5)由国家开发银行和中国农业发展银行发行政策性金融债,按照微利或保本的原则发放长期贷款,中央财政给予90%的贷款贴息,专项用于易地扶贫搬迁;(6)国家开发银行、中国农业发展银行分别设立"扶贫金融事业部",依法享受税收优惠;(7)中国农业银行、中国邮政储蓄银行、农村信用社等金融机构要延伸服务网络,创新金融产品,增加贫困地区信贷投放;(8)对有稳定还款来源的扶贫项目,允许采用过桥贷款方式,撬动信贷资金投入;(9)按照省(自治区、直辖市)负总责的要求,建立和完善省级扶贫开发投融资主体;(10)支持农村信用社、村镇银行等金融机构为贫困户提供免抵押、免担保扶贫小额信贷,由财政按基础利率贴息;(11)加大创业担保贷款、助学贷款、妇女小额贷款、康复扶贫贷款实施力度;(12)优先支持在贫困地区设立村镇银行、小额贷款公司等机构；（13）支持贫困地区培育发展农民资金互助组织，开展农民合作社信用合作试点；（14）支持贫困地区设立扶贫贷款风险补偿基金；（15）支持贫困地区设立政府出资的融资担保机构，重点开展扶贫担保业务；（16）积极发展扶贫小额贷款保证保险，对贫困户保证保险保费予以补助；（17）扩大农业保险覆盖面，通过中央财政以奖代补等支持贫困地区特色农产品保险发展；（18）加强贫困地区金融服务基础设施建设，优化金融生态环境；（19）支持贫困地区开展特色农产品价格保险，有条件的地方可给予一定保费补贴；（20）有效拓展贫困地区抵押物担保范围。[1]

二、《关于金融助推脱贫攻坚的实施意见》

2016年3月16日，中国人民银行、发展改革委、财政部、银监会、证监会、保监会和扶贫办七部委联合印发了《关于金融助推脱贫攻坚的实施意见》，提出让每一个符合条件的贫困人口都能按需求便捷获得贷款，让每个需要金融服务的贫困人口都能便捷地享受到现代化金融服务，为实现到2020年打赢脱贫攻坚战，全面建成小康社会的目标提供有力有效的金融支撑。

该文件提出准确把握金融助推脱贫攻坚工作的总体要求、精准对接脱贫攻坚多元化融资需求、大力推进贫困地区普惠金融发展、充分发挥各类金融机构助推脱贫攻坚主体作用、完善精准扶贫金融支持保障措施、持续完善脱贫攻坚金融服务工作机制六方面22点具体要求：（1）深入学习领会党中央、国务院精准扶贫、精准脱贫基

---

[1] 中共中央、国务院. 关于打赢脱贫攻坚战的决定［Z］. 2015–11–29.

本方略的深刻内涵；（2）精准对接贫困地区发展规划，找准金融支持的切入点；（3）精准对接特色产业金融服务需求，带动贫困人口脱贫致富；（4）精准对接贫困人口就业就学金融服务需求，增强贫困户自我发展能力；（5）精准对接易地扶贫搬迁金融服务需求，支持贫困人口搬得出、稳得住、能致富；（6）精准对接重点项目和重点地区等领域金融服务需求，夯实贫困地区经济社会发展基础；（7）深化农村支付服务环境建设，推动支付服务进村入户；（8）加强农村信用体系建设，促进信用与信贷联动；（9）重视金融知识普及，强化贫困地区金融消费者权益保护；（10）完善内部机构设置，发挥好开发性、政策性金融在精准扶贫中的作用；（11）下沉金融服务重心，完善商业性金融综合服务；（12）强化农村中小金融机构支农市场定位，完善多层次农村金融服务组织体系；（13）加强融资辅导和培育，拓宽贫困地区企业融资渠道；（14）创新发展精准扶贫保险产品和服务，扩大贫困地区农业保险覆盖范围；（15）引入新兴金融业态支持精准扶贫，多渠道提供金融服务；（16）设立扶贫再贷款，发挥多种货币政策工具引导作用；（17）加强金融与财税政策协调配合，引导金融资源倾斜配置；（18）实施差异化监管政策，优化银行机构考核指标；（19）加强组织领导，健全责任机制；（20）完善精准统计，强化监测机制；（21）开展专项评估，强化政策导向；（22）加强总结宣传，营造良好氛围。[1]

三、《关于金融支持深度贫困地区脱贫攻坚的意见》

2017年12月15日，中国人民银行、银监会、证监会和保监会

---

[1] 中国人民银行、发展改革委、财政部、银监会、证监会、保监会和国务院扶贫办. 关于金融助推脱贫攻坚的实施意见 [Z]. 2016–03–16.

发布《关于金融支持深度贫困地区脱贫攻坚的意见》，提出以下要求：

1. 强化责任、提升站位，金融扶贫资源要更加聚焦深度贫困地区。攻克深度贫困堡垒，是打赢脱贫攻坚战必须完成的任务。做好金融助推深度贫困地区脱贫攻坚工作，是金融系统义不容辞的责任。金融部门要坚持新增金融资金优先满足深度贫困地区、新增金融服务优先布设深度贫困地区，加大对建档立卡贫困户和扶贫产业项目、贫困村提升工程、基础设施建设、基本公共服务等重点领域的支持力度，着力增强深度贫困地区自我发展能力，为深度贫困地区打赢脱贫攻坚战提供重要支撑。

2. 综合运用货币政策工具，引导金融机构扩大深度贫困地区信贷投放。加强深度贫困地区扶贫再贷款管理，加大对深度贫困地区的扶贫再贷款倾斜力度，到2020年，力争每年深度贫困地区扶贫再贷款占所在省（区、市）的比重高于上年同期水平。引导金融机构加强系统内信贷资源调剂，加大对深度贫困地区的支持力度。2020年以前，深度贫困地区贷款增速力争每年高于所在省（区、市）贷款平均增速。

3. 改进完善差别化信贷管理，更好地满足深度贫困地区群众合理融资需求。各银行业金融机构要合理调配信贷资源，优化调整内部授权与绩效考核，适当延长贷款期限，综合确定贷款额度。脱贫攻坚期内，对于精准扶贫贷款，在风险可控的前提下，稳妥办理无还本续贷业务，区别对待逾期和不良贷款。对深度贫困地区发放的精准扶贫贷款，实行差异化的贷款利率。规范发展扶贫小额信贷，着力支持深度贫困地区符合条件的建档立卡贫困户发展生产。在深度贫困地区，适度提高创业担保贷款贴息额度、取消反担保要求。

加大国家助学贷款实施力度，支持更多家庭困难学生入学。延长民贸民品优惠利率贷款期限，因地制宜支持民贸民品企业发展，保障少数民族群众生产生活的特殊需求。建立带动建档立卡贫困人口脱贫的挂钩机制，加大对产业扶贫的金融支持力度。对存在不良信用记录的扶贫对象，要通过深入分析金融精准扶贫信息系统和金融机构记录，查找不良信用记录形成原因，开展信用救助，有针对性地帮助其重建良好信用。

4. 加强资金筹集使用管理，全力做好深度贫困地区易地扶贫搬迁金融服务。国家开发银行、农业发展银行要根据深度贫困地区搬迁工作进度和资金需求，合理安排易地扶贫搬迁专项金融债券发行时机，筹集信贷资金，确保支持对象精准、贷款资金专款专用，坚决避免资金闲置挪用和因贷款原因影响搬迁进度，人民银行相关分支机构要加强动态监测和监督检查。各银行业金融机构要做好贫困人口安置综合金融服务，支持安置区贫困人口就近就地生产生活。

5. 发挥资本市场作用，拓宽深度贫困地区直接融资渠道。对深度贫困地区符合条件的企业首次公开发行股票，加快审核进度，适用"即报即审、审过即发"政策。支持深度贫困地区符合条件的企业在全国中小企业股份转让系统挂牌，实行"专人对接、专项审核"，适用"即报即审、审过即挂"政策，减免挂牌初费。对深度贫困地区符合条件的企业发行公司债、资产支持证券的，实行"专人对接、专项审核"，适用"即报即审"政策。鼓励上市公司支持深度贫困地区的产业发展，支持上市公司对深度贫困地区的企业开展并购重组。对涉及深度贫困地区的上市公司并购重组项目，优先安排加快审核。支持证券经营机构开展专业帮扶，通过组建金融工作站等方式结对帮扶贫困县，提高深度贫困地区利用资本市场促进经济发展的能力。支持深度贫困地区符合条件的企业通过发行短期融资券、中期票据、扶贫票据、社会效应债券等债务融资工具筹集资金，实行会费减半的优惠。

6. 创新发展保险产品，提高深度贫困地区保险密度和深度。大力发展商业医疗补充保险、疾病保险、扶贫小额保险、农房保险等保险产品，重点服务深度贫困地区因病、因残致贫的突出困难群体。加大对深度贫困地区建档立卡贫困户投保保费的补贴力度，积极发展农业保险，适度降低深度贫困地区保险费率。创新发展农产品价格保险和收入保险，提高深度贫困地区农业风险保障水平。到2020年底，实现深度贫困地区贫困人群医疗补充保险广覆盖，政策性农业保险乡镇全覆盖。

7. 优先下沉深度贫困地区金融网点，更加贴近贫困农户需求。金融机构要结合深度贫困地区实际需求，合理优化网点布局，保持现有网点基本稳定并力争有所增加，提升网点覆盖面，积极推动已有金融机构网点服务升级，适度下放管理权限。地方法人金融机构要继续向深度贫困地区乡村下沉营业网点，扩大业务范围。推动加大财政奖补力度，审慎稳妥扩充助农取款点服务功能，进一步推进支付服务进村设点，鼓励深度贫困地区推广网络支付，力争2020年底前实现助农取款服务在深度贫困地区行政村全覆盖，实现"基础金融服务不出村、综合金融服务不出镇"。

8. 推进深度贫困地区信用体系建设，加大信用贷款投放力度。全面开展信用乡镇、信用村、信用户创建，到2020年实现深度贫困地区建档立卡贫困户信用体系建设全覆盖。结合深度贫困地区实际，探索开展信用培育有效途径，完善信用评价机制。在风险可控、商业可持续的前提下，大力发展信用贷款业务，提高信用贷款金额，促进深度贫困地区信用贷款保持较快增长。

9. 继续发挥经理国库职能，提升深度贫困地区国库服务水平。发挥国库的监测分析作用，配合地方财政部门盘活财政资金存量，提高财政扶贫资金使用效率。拓宽国库直接支付惠农资金种类和范围，完善贫困农户直接补贴机制，保障各类补贴资金安全及时足额发放到位。适时开展国债下乡，为深度贫困地区农户提供安全可靠的投资渠道，提高财产性收入水平。

10. 加强深度贫困地区金融生态环境建设，有效防范金融风险。在深度贫困地区优先实施农村金融教育"金惠工程"，2020 年以前实现深度贫困地区贫困村金融宣传教育全覆盖。加强对深度贫困地区基层干部的金融知识培训，提升金融风险防范意识和识别能力以及运用金融工具的能力。强化深度贫困地区金融消费者权益保护，严厉打击金融欺诈、非法集资、制售使用假币等非法金融活动，规范金融机构业务行为，净化深度贫困地区金融消费环境。严格扶贫项目贷款审批管理，避免假借扶贫名义违法违规举债融资做其他项目，切实防范金融风险，促进深度贫困地区经济可持续，为贫困群众"真脱贫、脱真贫"提供长远支撑。

11. 优化银行业金融机构监管考核，提升银行业金融机构贷款投放的积极性。适当提高不良贷款容忍度，对深度贫困地区银行业金融机构个人精准扶贫贷款不良率高于自身各项贷款不良率年度目标 2 个百分点以内的，可以在监管部门监管评价和银行内部考核中给予一定的容忍度。加快完善落实尽职免责制度，明确精准扶贫贷款发放过程中的尽职要求，强化正面引导。

12. 加强财税金融结合，撬动金融资源更多投向深度贫困地区。加强与地方政府部门沟通协调，推动落实好扶贫贷款贴息政策。健全融资风险分担和补偿机制,支持深度贫困地区设立贷款担保基金和风险补偿基金。支持深度贫困地区设立政府性融资担保机构,通过资本注入、风险分担、风险补偿等方式,撬动金融资本和社会资金投入扶贫开发。推动地方落实好支持企业融资税收优惠政策,引导金融机构更好支持深度贫困地区农户、小微企业、个体工商户贷款融资。

13. 完善监测考核评价机制,强化金融精准扶贫政策宣传推广。充分利用金融精准扶贫信息系统,加强信息对接共享和专项贷款统计,加强对金融精准扶贫服务情况和精准扶贫贷款异常波动情况的监测分析。改进金融精准扶贫效果评估,丰富评估结果运用方式,推动纳入政府综合扶贫工作效果考核体系,并与扶贫再贷款使用、宏观审慎评估、银行间债券管理、金融产品创新等挂钩。充分利用主流媒体和网络媒体广泛宣传金融扶贫政策、金融知识、金融产品和服务及金融扶贫效果,及时总结推广典型金融扶贫模式和经验,形成金融助推深度贫困地区脱贫攻坚的浓厚氛围。①

四、《中共中央　国务院关于打赢脱贫攻坚战三年行动的指导意见》

2018年6月15日,《中共中央　国务院关于打赢脱贫攻坚战三年行动的指导意见》(以下简称《指导意见》)颁布,涉及金融扶贫的内容主要有三方面:"着力加大深度贫困地区政策倾斜力度""加大金融扶贫支持力度"和"做好脱贫攻坚风险防范工作",概括为15条具体要求。

---

① 中国人民银行、银监会、证监会和保监会. 关于金融支持深度贫困地区脱贫攻坚的意见[Z]. 2017-12-15.

第三章　特惠金融政策体系

1. 新增资金优先满足深度贫困地区，新增金融服务优先布局深度贫困地区，对深度贫困地区发放的精准扶贫贷款实行差异化贷款利率；

2. 加强扶贫再贷款使用管理，优化运用扶贫再贷款发放贷款定价机制，引导金融机构合理合规增加对带动贫困户就业的企业和贫困户生产经营的信贷投放；

3. 加强金融精准扶贫服务；

4. 支持国家开发银行和中国农业发展银行进一步发挥好扶贫金融事业部的作用，支持中国农业银行、中国邮政储蓄银行、农村信用社、村镇银行等金融机构增加扶贫信贷投放，推动大中型商业银行完善普惠金融事业部体制机制；

5. 创新产业扶贫信贷产品和模式，建立健全金融支持产业发展和带动贫困户脱贫的挂钩机制和扶持政策；

6. 规范扶贫小额信贷发放，在风险可控的前提下可办理无还本续贷业务，对确因非主观因素不能到期偿还贷款的贫困户可协助其办理贷款展期业务；

7. 加强扶贫信贷风险防范，支持贫困地区完善风险补偿机制；

8. 推动贫困地区信用体系建设；

9. 支持贫困地区金融服务站建设，推广电子支付方式，逐步实现基础金融服务不出村；

10. 支持贫困地区开发特色农业险种，开展扶贫小额贷款保证保险等业务，探索发展价格保险、产值保险、"保险+期货"等新型险种；

11. 扩大贫困地区涉农保险保障范围，开发物流仓储、设施农业、"互联网+"等险种；

12. 鼓励上市公司、证券公司等市场主体依法依规设立或参与市场化运作的贫困地区产业投资基金和扶贫公益基金;

13. 贫困地区企业首次公开发行股票、在全国中小企业股份转让系统挂牌、发行公司债券等按规定实行"绿色通道"政策;

14. 防范扶贫小额贷款还贷风险,纠正户贷企用、违规用款等问题;

15. 防范加重地方政府债务风险,防止地方政府以脱贫攻坚名义盲目举债,防止金融机构借支持脱贫攻坚名义违法违规提供融资,坚决遏制地方政府隐性债务增量。①

与《决定》相比,《指导意见》抓落实的工作导向更加鲜明,体现出四个"更加注重":

一是在工作重点上,更加注重聚焦深度贫困地区。《指导意见》提出了"两个新增和一个差异化"要求,进一步聚焦深度贫困地区,在金融扶贫方面做到总量全面增加,服务全面覆盖,产品更加优惠。

二是在服务领域上,更加注重发挥"三驾马车"协同作用。要求全面加大金融扶贫力度,尤其注重发挥好保险扶贫和证券业扶贫的作用。相比《决定》,《指导意见》对银行业扶贫的要求更明确,提到的金融机构更多,提出的金融扶贫服务措施更精准;对保险业扶贫要求更具体,提到的保险类型种类更多、涉及面更广;尤其对证券业扶贫的新要求是《决定》里没有的。

三是在产品供给上,更加注重创新金融服务。《指导意见》首次提出"创新产业扶贫信贷产品和模式",要求用好扶贫再贷款,进一步创新政策产品,支持新型经营主体建立带贫机制。

---

① 中共中央、国务院. 关于打赢脱贫攻坚战三年行动的指导意见[Z]. 2018-06-15.

四是在监管机制上,更加注重防范金融风险。《指导意见》对风险防范的措施明显加强,要求进一步完善风险防范机制,有效防范扶贫小额信贷风险。

第二节 银行业特惠金融政策

一、《关于创新发展扶贫小额信贷的指导意见》

2014年12月10日,国务院扶贫办、财政部、中国人民银行、银监会和保监会印发了《关于创新发展扶贫小额信贷的指导意见》,提出对符合条件的建档立卡贫困户提供5万元以下、期限3年以内的信用贷款,建立风险补偿金,完善扶贫贴息贷款政策和机制,推进扶贫小额信贷工作,促进贫困人口脱贫致富。

1. 工作目标

丰富扶贫小额信贷的产品和形式,创新贫困村金融服务,改善贫困地区金融生态环境。扶贫小额信贷覆盖建档立卡贫困户的比例和规模有较大增长,贷款满足率有明显的提高。努力促进贫困户贷得到、用得好、还得上、逐步富。

2. 工作原则

(1)精准扶贫、信用贷款。把提高建档立卡贫困户贷款可获得性作为工作的基本出发点。在普惠政策的基础上,采取更具针对性的政策措施,进一步完善思路、改进办法、创新方式,提高扶贫小额信贷的精准性和有效性。对建档立卡贫困户进行评级授信,使建档立卡贫困户得到免抵押、免担保的信用贷款。

(2)政府引导、市场运作。发挥政府统筹协调作用,注重按市场规则推动扶贫小额信贷持续健康发展，协调金融机构为建档立卡贫困户量身定制贷款产品，完善信贷服务。金融机构自主调查评审放贷。

（3）加强宣传、尊重意愿。加大政策宣传和培训的工作力度，让建档立卡贫困户知晓相关程序和政策。贫困户自主贷款、自主发展。

（4）规范运作、防范风险。各地要加强金融风险防控，探索建立贷款风险分散和化解机制。金融机构应根据建档立卡贫困户的信用评级，审慎核定授信总额，合理设定贷款管理比率。

3. 扶持的范围、重点和方式

扶持对象为有贷款意愿、有就业创业潜质、技能素质和一定还款能力的建档立卡贫困户；扶持重点是支持建档立卡贫困户发展扶贫特色优势产业，增加收入；扶持方式为对符合贷款条件的建档立卡贫困户提供5万元以下、期限3年以内的信用贷款，鼓励金融机构参照贷款基础利率，合理确定贷款利率水平。

4. 政策措施

（1）在开展"信用户、信用村、信用乡（镇）"创建活动的基础上，针对贫困户的实际情况，完善增信措施，通过改进评级方法或制定专门的授信政策，对申请贷款的建档立卡贫困户进行授信。将全国扶贫信息网络系统与银行贷款管理系统有效对接，建立建档立卡贫困户个人信用档案。

（2）加大对贫困地区支农再贷款、再贴现的支持力度，引导金融机构扩大对建档立卡贫困户的信贷投放。降低建档立卡贫困户的融资成本。

（3）各地可统筹安排财政扶贫资金，对符合条件的贷款户给予贴息支持，贴息利率不超过贷款基础利率（上一年度贷款基础利率报价平均利率平均值）。

（4）有条件的地方可根据实际情况安排资金，用于补偿扶贫小额信贷发生的坏账损失。支持推广扶贫小额信贷保险，鼓励贷款户积极购买，分散贷款风险。

（5）采取"以社带户、以企带村"的方式，组织贫困户参与扶贫特色优势产业建设，拓宽建档立卡贫困户获得贷款的途径。

（6）探索建立县、乡（镇）、村三级联动的扶贫小额信贷服务平台，为建档立卡贫困户提供信用评级、建立信用档案、贷款申报等信贷服务。[①]

二、《关于促进扶贫小额信贷健康发展的通知》

2017年7月25日，为进一步加强扶贫小额信贷管理，切实纠正各地扶贫小额信贷工作中出现的资金使用不合理、贷款发放不合规、风险管理不到位等苗头性倾向性问题，更好地发挥其在精准扶贫、精准脱贫中的作用，银监会与财政部、人民银行、保监会和国务院扶贫办联合印发了《关于促进扶贫小额信贷健康发展的通知》（以下简称《通知》）。主要内容有：

1. 坚持精准扶贫，坚持依法合规

扶贫小额信贷是为建档立卡贫困户量身定制的金融精准扶贫产品，其政策要点是"5万元以下、3年期以内、免担保免抵押、基准利率放贷、财政贴息、县建风险补偿金"。扶贫小额信贷要始终精确瞄准建档立卡贫困户，各银行业金融机构要加大对信用良好、有贷

---

① 国务院扶贫办、财政部、中国人民银行、银监会、保监会. 关于创新发展扶贫小额信贷的指导意见［Z］. 2014-12-10.

款意愿、有就业创业潜质、技能素质和一定还款能力的建档立卡贫困户支持力度。对已经脱贫的建档立卡贫困户，在脱贫攻坚期内保持扶贫小额信贷支持政策不变，力度不减。各地扶贫部门要加强对扶贫小额信贷和贴息对象的审查，在县乡村三级公告公示，防止非建档立卡贫困户"搭便车"。要将信用水平和还款能力作为发放扶贫小额信贷的主要参考标准，发放过程要符合法律法规和信贷管理规定，借款合同要明确贷款资金用途，坚持户借、户还，切实防范冒名借款、违规用款等问题。

2. 坚持发展生产，推动长期受益

各银行业金融机构要将扶贫小额信贷精准用于贫困户发展生产或能有效带动贫困户致富脱贫的特色优势产业，不能用于建房、理财、购置家庭用品等非生产性支出，更不能将扶贫小额信贷打包用于政府融资平台、房地产开发、基础设施建设等。各银行业金融机构在探索将扶贫小额信贷资金用于有效带动贫困户致富脱贫的特色优势产业过程中，必须坚持贫困户自愿和贫困户参与两项基本原则，使贫困户融入产业发展并长期受益，提高贫困户脱贫内生发展动力。

3. 完善补偿机制，加强风险管理

有条件的地方可根据实际情况建立和完善风险补偿和分担机制。风险补偿金要及时到位，专款专存、封闭运行。科学合理确定风险补偿金放大贷款倍数，明确政府与银行业金融机构风险分担比例，不得将风险补偿金混同为担保金使用。鼓励开展农业保险保单质押贷款等银保合作模式试点。

积极稳步推进扶贫小额信贷服务创新，加强贷款风险管理。一是加强贷款管理。对于贫困户参与的扶贫产业项目，要做到对建档立卡贫困户和产业项目双调查。定期对借款人生活和产业经营情况进行监测分析,建立资金监管机制和跟踪监督机制,对可能影响贷款安全的不利情形要及时采取针对性措施。二是稳妥办理无还本续贷业务。对于贷款到期仍有用款需求的贫困户,支持银行业金融机构提前介入贷款调查和评审,脱贫攻坚期内,在风险可控的前提下,可以无须偿还本金,办理续贷业务。三是区别对待逾期和不良贷款。对确因非主观因素不能到期偿还贷款的贫困户,帮助贫困户协调办理贷款展期。对通过追加贷款能够帮助渡过难关的,应予追加贷款扶持,避免因债返贫。贷款追加后,单户扶贫小额信贷不能超过5万元。对确已发生的贷款损失,要按规定及时启动风险补偿机制,按约定比例分担损失。四是适当提高不良贷款容忍度。对于银行业金融机构扶贫小额信贷不良率高出自身各项贷款不良率年度目标2个百分点以内的,可以不作为监管部门监管评价和银行内部考核评价的扣分因素。五是加快完善尽职免责制度。明确扶贫小额信贷发放过程中的尽职要求,强化正面导向,积极调动银行业金融机构投放扶贫小额信贷的积极性,同时也要加强对不尽责、失职行为的责任追究,切实防范道德风险。

4. 完善组织服务,落实工作责任

各银监局要督促银行业金融机构落实"包干服务"制度,推动扶贫小额信贷精准合规发放,加强信贷风险防范。放贷机构要履行好扶贫小额信贷投放的主体责任,在风险可控和商业可持续前提下,加大扶贫小额信贷的投放力度,各地扶贫部门要按照《关于创新发展扶贫小额信贷的指导意见》(国开办发〔2014〕78号)职责分工,做好组织协调、咨询指导等工作。各人民银行分支机构要灵活运用多种货币政策工具,加强对银行业金融机构的指导,推动相关部门完善配套机制建设。各地扶贫部门要加强对扶贫小额信贷工作的组织领导，明确责任领导和责任人，落实工作职责，通过县乡村三级联动，自上而下，全力、全程做好贷款的组织服务管理。乡（镇）级扶贫部门要把好项目审核关，做好项目管理服务工作，督促驻村工作队、第一书记和村两委要全程参与，前期协助开展政策宣传、贫困户评级授信、汇总贫困户贷款需求，中期帮助开展贷款使用监督，后期帮助落实贷款回收，确保扶贫小额信贷贷得到、用得好、还得上。县级财政和扶贫部门要用好财政贴息政策、加强风险管理。县级扶贫部门要提供综合信息服务，做好项目前期论证和产业规划、教育群众提升市场意识和风险意识。

5. 做好信息共享，加强监测考核

各人民银行分支机构要积极发挥金融精准扶贫信息系统作用，加强与扶贫、银监、保监等部门的信息对接共享，共同做好扶贫小额信贷统计监测分析和评估考核工作。针对监测发现的贷款户数异常波动、贷款逾期以及政策落实不到位、违法违规等问题，银监局要会同各地人民银行分支机构、扶贫办定期通报、限期整改，并将动态监测情况和整改情况作为评估考核的重要依据。银行业金融机构要将扶贫小额信贷纳入内部考核，强化约束激励机制，落实责任。国务院扶贫办、银监会按月统计监测、定期通报地方扶贫小额信贷工作进展情况，对工作不力的严格督导问责。

6. 做好政策宣传，总结先进经验

各银监局、各地扶贫部门和各人民银行分支机构要组织银行业金融机构加强政策宣传，自上而下层层明确责任，加大政策宣传培训力度，规范工作称谓，统一使用"扶贫小额信贷"名称，提高政策认知度。要组织驻村工作队、第一书记、村两委、致富带头人等骨干人员接受培训，利用群众喜闻乐见的年画、动漫、手册、短信等形式加强宣传,确保贫困户真正把握"免担保、免抵押、基准利率放贷、财政贴息"等政策要点。要注意总结扶贫小额信贷健康发展的有效做法,主动发掘创新亮点,对实践证明比较成熟、具有较高推广价值的典型经验,加大交流推广力度。[①]

三、《中国人民银行关于开办扶贫再贷款业务的通知》

2016年3月23日,中国人民银行印发《关于开办扶贫再贷款业务的通知》,决定设立扶贫再贷款,以加大金融扶贫力度,引导地方法人金融机构扩大对贫困地区的信贷投放,降低社会融资成本。

1. 发放对象

扶贫再贷款的发放对象为中国人民银行、财政部、银监会、证监会、保监会、扶贫办、共青团中央《关于全面做好扶贫开发金融服务工作的指导意见》确定的832个贫困县和未纳入上述范围的省级扶贫开发工作重点县的农村商业银行、农村合作银行、农村信用社和村镇银行4类地方法人金融机构。

2. 投向用途

地方法人金融机构应将借用的扶贫再贷款资金全部用于发放贫困地区涉农贷款,并结合当地建档立卡的相关情况,优先支持建档立卡贫困户和带动贫困户就业发展的企业、农村合作社,积极推动贫困地区发展特色产业和贫困人口创业就业,促进贫困人口脱贫致富。

3. 使用期限

扶贫再贷款期限分为3个月、6个月和1年三个档次。借款合同

---

① 银监会、财政部、人民银行、保监会、国务院扶贫办.关于促进扶贫小额信贷健康发展的通知[Z].2017-07-25.

期限最长不得超过1年。单笔扶贫再贷款展期次数累计不得超过4次,每次展期的期限不得超过借款合同期限,实际使用期限不得超过5年。

4. 利率水平

扶贫再贷款实行比支农再贷款更为优惠的利率,具体按现行贫困地区支农再贷款利率执行。中国人民银行可结合货币政策调控需要和扶贫实际,适时调整扶贫再贷款利率。[①]

四、《关于银行业金融机构积极投入脱贫攻坚战的指导意见》

2016年4月1日,中国银监会印发《关于银行业金融机构积极投入脱贫攻坚战的指导意见》,对各银监局、政策性银行、大型银行、股份制银行、邮储银行和金融资产管理公司等金融机构履行扶贫开发社会责任、有效发挥金融加速脱贫能效提出具体要求。

1. 基本原则

(1) 精准发力,精细实施。准确对接基础设施建设、产业生产和发展、移民搬迁安置等领域的金融服务需求,采取一项一策、一项一法、一项一品精细化管理措施,使金融服务精准落实到贫困人口、贫困户、扶贫开发项目,信贷支持做到对象准确、期限合理、流程匹配,切实提升扶贫开发金融服务的工作实效。

(2) 推进普惠,聚焦特惠。在商业可持续前提下,推进各类金融资源在农村地区的均等化配置,履行扶贫开发社会责任,突出对贫困地区、贫困人口的特惠政策安排,让贫困地区、贫困人口得到更加实惠的金融服务。

---

① 中国人民银行. 中国人民银行关于开办扶贫再贷款业务的通知 [Z]. 2016-03-23.

(3)专门机构,专业管理。在重点金融机构确定专门的扶贫开发金融服务工作部门,对扶贫开发金融服务工作进行单独管理、单独核算、单独调配资源。

(4)资金联合,机构联动。以政府主导、财政投入为主的扶贫开发项目为靶向,加大金融资金跟进力度,形成资金合力;发挥各类银行业金融机构各自的独特优势,分工负责,协同行动。

(5)融资融智,综合服务。既要加大资金投入,又要充分利用银行业金融机构的网络、信息和服务优势提供融智支持,通过提供全面综合性一揽子金融服务,促进贫困地区和贫困人口提升自我发展、就业创业能力。

2. 工作目标

(1)资金投入持续增长。加大银行业金融机构扶贫开发信贷资金投放,保持贫困地区、贫困户信贷投入总量持续增长,易地扶贫搬迁等脱贫攻坚项目的信贷资金投放与项目计划、进度要求相匹配,对符合条件建档立卡贫困户的有效贷款需求实现扶贫小额信贷全覆盖,力争实现贫困地区各项贷款增速高于所在省(区、市)当年各项贷款的平均增速,贫困户贷款增速高于农户贷款的平均增速。

(2)优化调整贫困地区贷款结构。在政策性、开发性金融机构增加长期贷款投放的同时,引导商业性银行业金融机构在风险可控、商业可持续的前提下加大对贫困地区基础设施建设的支持力度,进一步提高中长期贷款比重。

(3)提高机构网点覆盖度。引导贫困地区银行业金融机构持续下沉机构网点,在具备条件的贫困地区优先推动金融机构乡镇全覆盖和金融服务行政村全覆盖,基本实现"乡乡有机构、村村有机具、人人有服务"。

（4）完善扶贫开发金融服务机制。建立健全与国家脱贫攻坚战相适应的金融服务体制机制，形成商业性、政策性、开发性、合作性等各类机构协调配合、共同参与的金融服务格局，创新扶贫开发金融产品和服务方式。

3. 具体措施和要求

（1）找准服务定位。发挥政策性金融和商业性金融互补作用，国家开发银行和农业发展银行要发挥主渠道作用和开发性、倡导性、保本微利等特点，先期加大贫困地区基础设施、公共服务设施、移民搬迁、生态保护、教育扶贫等领域的资金投放，加快改善贫困地区、贫困人口的生产生活条件。商业性银行业金融机构特别是农业银行、邮储银行、农村中小金融机构等，要以政策扶持为支撑，通过市场机制引导加大信贷投入，对贫困地区主导产业、优势产业、农业现代化以及新型农业经营主体发展规模化生产进行重点支持，着重加大建档立卡贫困人口的扶贫小额信贷投放，扶持生产和就业，促进贫困地区经济增长和贫困人口增收。

（2）建立工作机制。国家开发银行、农业发展银行要设立扶贫金融事业部，统筹协调扶贫开发金融服务工作。其他涉农银行业金融机构要成立扶贫工作专门组织体系，建立有各部门参加直至末端的条线制专项工作机制，对联系扶贫部门、自身任务确定、责任划分、时间进度计划、信贷政策、业务授权、金融创新、资源配置、跟踪督查等进行统筹安排。

（3）落实任务责任。银行业金融机构要根据市场定位、机构优势和自身能力，聚焦有明确脱贫攻坚任务的省份、县和贫困人口所在地，建立各级贫困地区的分支机构明细表，制定区域内各级机构的扶贫开发任务规划。任务规划安排要涵盖机构网点覆盖情况、扶持贫困户数量以及资金投放等内容。

（4）实施倾斜信贷政策，切实增加贷款投放。进一步完善贫困户贷款管理政策。扶贫小额信贷是银行业金融机构实施精准扶贫、精准脱贫方略，为建档立卡贫困户提供公平、持续、有效的信贷机会，保证信贷资金精准到户，帮助贫困户增加收入摆脱贫困的关键举措。第一，银行业金融机构要按照《关于创新发展扶贫小额信贷的指导意见》的各项政策，单独安排资金，单独考核责任，持续加大扶贫小额信贷的投放力度。拓展扶贫小额信贷适用范围，更好地满足建档立卡贫困户生产、创业、就业、搬迁安置等各类贷款需求。对建档立卡贫困户 5 万元以下、3 年以内的贷款，采取信用贷款方式，不设抵押担保门槛；对有贷款意愿、有就业创业潜质、技能素质和一定还款能力的建档立卡贫困户保证应贷尽贷；实行利率优惠。第二，完善生源地助学贷款政策。支持银行业金融机构对有在读高校学生的贫困户发放生源地助学贷款，学生在读期间利息全部由财政补贴，延长贷款期限至最长 20 年。第三，区别对待贫困户不良贷款。在剔除主观恶意欠款不还因素的情况下，确系由于自然灾害、气候、市场变化等原因导致无法归还贷款的，可予贷款展期或适当延长还款期限；对通过追加贷款能够帮助渡过难关的，应予追加贷款扶持，避免因债返贫。

（5）设定信贷资金配套比例。对有财政专项扶贫资金投入、扶持生产和就业发展的项目和对象，银行业金融机构应根据财政专项资金规模，安排一定比例的信贷资金予以配套。

（6）合理确定扶贫贷款期限。对贫困地区基础设施、公共服务设施、易地扶贫搬迁等项目的贷款，原则上以中长期贷款为主，同时根据项目还款资金来源及进程，合理设定还款期限。

（7）允许采用过桥贷款方式。对有确定、稳定资金来源保障的扶贫项目，可以采用过桥贷款方式，发放特定期限、特定额度的贷款，先期支持项目及时启动，根据资金到位和后续现金流情况做出还款安排。

（8）探索银行"包干服务"制度。监管部门可根据当地银行业金融机构服务专长和实际情况，按照建档立卡贫困户扶贫小额信贷发放、扶贫项目融资、服务网点布设等情况，建立分片包干责任制。探索采取由主要责任银行承包扶贫开发项目的融资服务、包干一定区域内金融服务机具布设、包干某类贫困人群的特定业务等方式，使金融扶贫的服务主体更加精准，服务责任更加明确。

（9）创新金融服务产品。创新发展扶贫小额信贷，开发覆盖易地搬迁对象、返乡农民工、农村妇女等特定人群，促进创业就业、搬迁安置后续就业技能培训、提高投资收益的小额信贷产品。鼓励银行业金融机构推出契合政府出资担保机构担保的多种贷款产品。灵活运用特许经营项目的收益权、购买服务协议预期收益、林权、集体土地承包经营权、集体资产收益权等作为担保设计贷款新产品。探索银保合作，开发保单质押贷款产品，利用扶贫小额信贷保险分散贷款风险。

（10）开展融资模式创新。针对各地脱贫攻坚项目的新方式、新特点，开发多样化的授信服务和融资模式。鼓励地方政府和扶贫开发部门灵活运用财政专项扶贫资金，通过财政资金投入建立扶贫贷款的担保、风险分散和补偿等机制，撬动信贷资金投入。

（11）提高贫困地区银行业网点和服务覆盖度。鼓励银行业金融机构到贫困地区、贫困县、机构空白乡镇设立标准化固定营业网点。支持在贫困地区发起设立村镇银行，稳步提高村镇银行贫困县覆盖面。采取多种形式提供简易便民服务，在贫困地区推动实现基础金融服务"村村通"。加强贫困地区电子服务渠道建设，特别是加大村级金融电子机具的布放力度，引导将金融服务触角向村一级有效延伸。

（12）放宽贫困地区机构准入政策。优先支持在贫困地区设立村镇银行等新型农村金融机构，立足县域金融承载能力，支持在贫困地区规模化集约化发起设立村镇银行，因地制宜采取"一行多县"等方式，在攻坚期内基本覆盖贫困县。攻坚期内严格控制贫困地区现有机构网点撤并。

（13）鼓励多种金融服务业态发展。支持贫困地区培育发展农民资金互助组织，优先在贫困地区开展农民合作社内部信用合作试点。鼓励贫困地区设立政府出资的融资担保机构。优先支持在贫困地区设立小额贷款公司。鼓励利用互联网平台开展金融服务，发挥网络借贷机构融资便捷、对象广泛的特点，引导其开展对贫困户的融资服务。

（14）完善差异化监管制度。进一步强化差异化监管政策，出台有针对性的扶贫开发金融服务监管措施。对贫困地区银行业法人机构的分支机构设立，以及现场检查等方面做出特殊安排。引导银行业金融机构合理确定扶贫项目贷款、扶贫小额信贷的不良贷款容忍度。对扶贫开发贷款做出尽职免责安排。严禁贷款利率浮动幅度过高。对于因自然灾害、农产品价格波动等客观原因造成无法按原定期限正常还款的贷款可以合理展期。对参与脱贫攻坚项目的公司主体、平台主体以及贫困户等因客观原因发生财务困难，无力及时足额偿还贷款本息的，可按有关规定实施贷款重组。①

第三节　保险业特惠金融政策

2016年5月26日，中国保监会和国务院扶贫办联合印发了《关于做好保险业助推脱贫攻坚工作的意见》，对各保险公司充分发挥保险行业体制机制优势，履行扶贫开发社会责任，全面提升保险业助推脱贫攻坚能力提出了具体要求。

一、《关于做好保险业助推脱贫攻坚工作的意见》

1. 总体目标

到2020年，基本建立与国家脱贫攻坚战相适应的保险服务体制机制，形成商业性、政策性、合作性等各类机构协调配合、共同参与的保险服务格局。努力实现贫困地区保险服务到村到户到人，对贫困人口"愿保尽保"，贫困地区保险深度、保险密度接近全国平均水平，贫困人口生产生活得到现代保险全方位的保障。

2. 基本原则

（1）定向原则。定向发挥保险经济补偿功能，努力扩大保险覆盖面和渗透度，通过保险市场化机制放大补贴资金使用效益，为贫困户提供普惠的基本风险保障。定向发挥保险信用增信功能，通过农业保险保单质押和扶贫小额信贷保证保险等方式，低成本盘活农户资产。定向发挥保险资金融通功能，加大对贫困地区的投放，增强造血功能，推动贫困地区农业转型升级。

---

① 银监会. 关于银行业金融机构积极投入脱贫攻坚战的指导意见［Z］. 2016–04–01.

（2）精准原则。把集中连片特困地区，老、少、边、穷地区，国家级和省级扶贫开发重点县，特别是建档立卡贫困村和贫困户作为保险支持重点，创设保险扶贫政策，搭建扶贫信息与保险业信息共享平台，开发针对性的扶贫保险产品，提供多层次的保险服务，确保对象精准、措施精准、服务精准、成效精准。

（3）特惠原则。在普惠政策基础上，通过提高保障水平、降低保险费率、优化理赔条件和实施差异化监管等方式，突出对建档立卡贫困户的特惠政策和特惠措施，为建档立卡贫困人口提供优质便捷的保险服务，增强贫困人口抗风险能力，构筑贫困地区产业发展风险防范屏障。

（4）创新原则。构建政府引导、政策支持、市场运作、协同推进的工作机制，综合运用财政补贴、扶贫资金、社会捐赠等多种方式，拓展贫困户保费来源渠道，激发贫困户保险意识与发展动力。针对贫困地区与贫困户不同致贫原因和脱贫需求，加强保险产品与服务创新，分类开发、量身定制保险产品与服务。创新保险资金支农融资方式，积极参与贫困地区生产生活建设。

3. 精准对接脱贫攻坚多元化的保险需求

（1）精准对接农业保险服务需求。保险机构要认真研究致贫原因和脱贫需求，积极开发扶贫农业保险产品，满足贫困农户多样化、多层次的保险需求。要加大投入，不断扩大贫困地区农业保险覆盖面，提高农业保险保障水平。

（2）精准对接健康保险服务需求。研究探索大病保险向贫困人口予以倾斜。加强基本医保、大病保险、商业健康保险、医疗救助、疾病应急救助和社会慈善等衔接，提高贫困人口医疗费用实际报销比例。鼓励保险机构开发面向贫困人口的商业健康保险产品，参与医疗救助经办服务。

（3）精准对接民生保险服务需求。保险机构要针对建档立卡贫困人口，积极开发推广贫困户主要劳动力意外伤害、疾病和医疗等扶贫小额人身保险产品。重点开发针对留守儿童、留守妇女、留守老人、失独老人、残疾人等人群的保险产品，对农村外出务工人员开辟异地理赔绿色通道，为农村居民安居生活提供保障。

（4）精准对接产业脱贫保险服务需求。积极发展扶贫小额信贷保证保险等险种，为贫困户融资提供增信支持，增强贫困人口获取信贷资金发展生产的能力。

（5）精准对接教育脱贫保险服务需求。积极开展针对贫困家庭大中学生的助学贷款保证保险，解决经济困难家庭学生就学困难问题。推动保险参与转移就业扶贫，优先吸纳贫困人口作为农业保险协保员。要对接集中连片特困地区的职业院校和技工学校，面向贫困家庭子女开展保险职业教育、销售技能培训和定向招聘，实现靠技能脱贫。

4. 充分发挥保险机构助推脱贫攻坚主体作用

（1）完善多层次保险服务组织体系。保险机构要强化主体责任，将资源向贫困地区和贫困人群倾斜。要加大贫困地区分支机构网点建设，持续推进乡、村两级保险服务网点建设，努力实现网点乡镇全覆盖和服务行政村全覆盖。

（2）对贫困地区分支机构实行差异化考核。各保险机构总公司应根据贫困地区实际情况，科学设定绩效考核指标，对贫困地区分支机构实行差异化考核，引导贫困地区基层机构积极发展扶贫保险业务。对贫困地区分支机构因重大自然灾害或农产品价格剧烈波动导致的经营亏损，不得纳入绩效考核指标。

(3) 加强贫困地区保险技术支持及人才培养。各保险机构要大力推动贫困地区员工属地化,积极吸纳贫困地区大学生就业,加快培育贫困地区保险人才。要努力改善贫困地区分支机构职工福利,为贫困地区培养留得下、稳得住的专业人才。鼓励各保险机构总公司每年选派业务能力较强、政治立场坚定的员工到贫困地区分支机构工作,并在查勘理赔技术、设备等方面给予支持。

(4) 鼓励保险资金向贫困地区基础设施和民生工程倾斜。保险机构要充分发挥保险资金长期投资的独特优势,按照风险可控、商业可持续原则,以债权、股权、资产支持计划等多种形式,积极参与贫困地区基础设施、重点产业和民生工程建设,积极支持可带动农户脱贫、吸引贫困户就业的新型农业经营主体融资需求。支持保险机构参与各级政府建立的扶贫产业基金,鼓励保险机构加大对贫困地区发行地方政府债券置换存量债务的支持力度。①

二、《关于加快贫困地区保险市场体系建设 提升保险业保障服务能力的指导意见》

2016年12月,保监会出台《关于加快贫困地区保险市场体系建设 提升保险业保障服务能力的指导意见》。

1. 政策目标

贯彻落实《中共中央 国务院关于打赢脱贫攻坚战的决定》和中央扶贫开发工作会议精神,优化保险机构资源配置,加快贫困地区保险市场体系建设,提升保险业精准扶贫能力。

---

① 保监会、国务院扶贫办.关于做好保险业助推脱贫攻坚工作的意见[Z].2016-05-26.

2. 政策措施

（1）在符合条件的情况下，优先支持中西部省份设立财产保险公司和人身保险公司，填补保险法人机构空白，持续优化区域布局，有效提高贫困地区保险供给，主动服务国家脱贫攻坚战略。

（2）支持在贫困地区设立专业性保险公司，紧密结合当地经济社会发展需要，聚焦大病保险、农业保险、责任保险、信用保证保险等民生领域，精准对接脱贫攻坚多元化的保险需求。

（3）支持在贫困地区开展相互保险试点，鼓励贫困地区设立农村保险互助社等成本低廉的涉农保险组织，实行"专人对接、专业帮扶、专项鼓励"的支持政策，因地制宜地为贫困人口提供便捷实惠的普惠保险服务。

（4）对于政府给予明确政策支持，经办、承办各类基本养老和医疗保险等政策性业务的保险公司设立申请，予以优先支持，通过保险手段，助力贫困地区提高公共服务效率、创新社会管理、改善民生保障。

（5）对于政府支持参与公立医院改制、健康产业链整合的保险公司设立申请，予以优先支持，做好当地人口医疗费用的数据采集、分析和测算工作，积极协助地方政府制订大病保障方案，有效缓解贫困人口"因病致贫、因病返贫"现象。

（6）鼓励贫困地区企业投资保险业，对注册地和主要生产经营地均在贫困地区且开展生产经营满三年的企业，或对扶贫工作曾有突出贡献的企业投资设立保险公司的，给予重点支持，优先审核。

（7）对于经济发展落后、常住人口较少的少数民族地区，支持所在地保险公司双总部发展，允许其开业时在两个省份设立分支机构并开展业务，通过发达地区对接帮扶，切实解决专业人才紧缺问题，促进保险公司顺利起步。

（8）鼓励现有保险公司在贫困地区设立分支机构，加快审批节奏，予以优先支持，推进贫困地区保险基层服务网点建设，努力为贫困人口提供优质便捷的保险服务。

（9）鼓励保险公司在贫困地区设立与保险产业链相配套的非保险子公司，提供医养护理、客服后援、汽车维修等多门类培训，提升贫困人口职业技能，吸纳贫困人口就业，增强贫困地区的自我发展能力。

（10）鼓励保险机构呼叫中心、后援中心、信息平台和保险专业中介机构等项目转移落户到贫困地区，有效促进经济发展，扩大人口就业，提高生活水平，让贫困人口有更多的"获得感"。

（11）贫困地区保险公司开展与扶贫密切相关的保险业务，并得到政府政策支持的，可在基础类业务以外，适当增加农业保险、信用保证保险等扩展类业务，增强保险机构对接精准扶贫的服务能力。[①]

三、《关于保险业支持深度贫困地区脱贫攻坚的意见》

为做好保险业支持深度贫困地区脱贫攻坚工作，2018年3月，中国保监会印发了《关于保险业支持深度贫困地区脱贫攻坚的意见》，在中国保监会、国务院扶贫办《关于做好保险业助推脱贫攻坚工作的意见》的基础上，从健全保险服务网络、降低保险费率、加大健康保险保障、丰富产品体系、加大保险资金支持、开展定向帮扶六个方面，提出了力度更大、目标更明确、精准性更强的支持

---

① 保监会. 关于加快贫困地区保险市场体系建设 提升保险业保障服务能力的指导意见[Z]. 2016-12-19.

政策。

一是提出深度贫困地区保险服务网络量化目标及支持政策。到2020年前实现西藏保险分支机构地市级全覆盖，三区三州其他深度贫困地区保险分支机构县级全覆盖。适当降低深度贫困地区分支机构审批标准，放宽保险机构中心支公司高管人员的任职学历要求至大学专科，县级支公司、营业部高管人员任职资格由审批改为备案管理，要求深度贫困地区保险分支机构在脱贫前不得撤销。

二是降低与建档立卡贫困户生产生活最为密切的保险产品的费率。明确建档立卡贫困户农业保险的保险费率在已降费20%的基础上再降低10%～30%，意外伤害保险和商业型农业保险的执行费率可在备案费率的基础上降低10%～30%，进一步强化保险业的社会责任担当。

三是进一步加大行业帮扶力度。按照中央关于广泛引导和动员社会组织参与脱贫攻坚的文件精神，鼓励支持保险机构和保险行业社会组织以结对帮扶形式，对深度贫困地区县、乡、村进行定向帮扶，实现人员、资金和物资的点对点精准帮扶。

四是扩大保险扶贫支持政策的对象范围。按照国务院关于培育贫困村创业致富带头人的指导意见精神，明确相关措施同时适用于深度贫困地区经扶贫主管部门认定的创业致富带头人发展的产业项目。[1]

第四节　证券业特惠金融政策

2016年9月8日，中国证监会印发《关于发挥资本市场作用服

---

[1] 保监会.关于保险业支持深度贫困地区脱贫攻坚的意见［Z］.2018-03-19.

务国家脱贫攻坚战略的意见》，贯彻落实《中共中央　国务院关于打赢脱贫攻坚战的决定》和中央扶贫开发工作会议精神，充分发挥资本市场作用，服务国家脱贫攻坚战略。主要内容有：

一、支持贫困地区企业利用多层次资本市场融资

（1）对注册地和主要生产经营地均在贫困地区且开展生产经营满三年、缴纳所得税满三年的企业，或者注册地在贫困地区、最近一年在贫困地区缴纳所得税不低于2 000万元且承诺上市后三年内不变更注册地的企业，申请首次公开发行股票并上市的，适用"即报即审、审过即发"政策。

（2）对注册地在贫困地区的企业申请在全国中小企业股份转让系统挂牌的，实行"专人对接、专项审核"，适用"即报即审、审过即挂"政策，减免挂牌初费。

（3）对注册地在贫困地区的企业发行公司债、资产支持证券的，实行"专人对接、专项审核"，适用"即报即审"政策。

二、支持和鼓励上市公司履行社会责任服务国家脱贫攻坚战略

（1）鼓励上市公司支持贫困地区的产业发展，支持上市公司对贫困地区的企业开展并购重组。对涉及贫困地区的上市公司并购重组项目，优先安排加快审核；对符合条件的农业产业化龙头企业的并购重组项目，重点支持加快审核。

（2）鼓励上市公司结对帮扶贫困县或贫困村，主动对接建档立卡贫困户，优先录用来自贫困地区的高校毕业生，优先招收建档立卡的贫困人口。

三、支持和鼓励证券基金经营机构履行社会责任服务国家脱贫攻坚战略

（1）鼓励证券公司开展专业帮扶，通过组建金融扶贫工作站等方式结对帮扶贫困县，与当地政府建立长效帮扶机制，帮助县域内企业规范公司治理，提高贫困地区利用资本市场促进经济发展的能力。

（2）鼓励上市公司、证券公司等市场主体设立或参与市场化运作的贫困地区产业投资基金和扶贫公益基金。对积极参与扶贫的私募基金管理机构，将其相关产品备案纳入登记备案绿色通道；在贫困地区组织行业培训、开展业务交流，便利私募投资基金向贫困地区投资。

（3）鼓励证券公司、基金管理公司、私募基金管理机构等市场主体优先录用建档立卡贫困毕业生，对建档立卡贫困户在就医就学等方面开展精准帮扶。

（4）视证券公司参与扶贫工作情况，在分类评价过程中，对做出突出贡献的酌予加分；中国证券业协会定期对证券公司的扶贫工作情况进行考评，为分类评价提供公允的参考依据。

四、支持和鼓励期货经营机构履行社会责任服务国家脱贫攻坚战略

（1）鼓励期货公司开展专业帮扶，对贫困地区涉农企业进入期货市场开展套期保值业务进行培训，并提供合作套保、仓单质押、仓单回购等专业服务。

（2）将期货公司参与扶贫工作情况纳入分类评价标准，对做出突出贡献的予以加分；中国期货业协会定期对期货公司的扶贫工作情况进行考评，为分类评价提供公允的参考依据。支持符合条件的贫困地区优先开展"保险+期货"试点，提高涉农企业、农民专业合作社等新型农业经营主体化解市场风险的能力，对期货经营机构开展"保险+期货"试点项目适当减免手续费。支持贫困地区符合条件的仓储企业申请设立交割仓库。

五、切实加强贫困地区投资者保护工作

对贫困地区企业的各项审核事项坚持"三公"原则，坚持标准不降、条件不减，确保市场稳定健康发展。加强对贫困地区金融监管干部、企业管理人员资本市场知识的培训，促进企业规范运作。加大金融风险防范力度，通过多种手段加强贫困地区投资者风险防范教育，严格限制在贫困地区发行销售损害投资者利益的产品，严厉打击各类非法证券期货活动，切实保护贫困地区投资者的合法权益。[1]

---

[1] 证监会．关于发挥资本市场作用服务国家脱贫攻坚战略的意见［Z］．2016-09-08．

第四章
特惠金融实践探索与案例分析

中央扶贫开发工作会议以来,相关部门和地方政府都迅速行动起来,探索出很多可复制、可推广的特惠金融新产品、新机制、新模式,涌现出很多特惠金融典型案例,形成了银行业、证券业、保险业"三驾马车"合力攻坚的特惠金融扶贫工作格局。

第一节 银行业特惠金融实践探索

银行业的特惠金融实践探索主要有扶贫小额信贷、企业扶贫贷款和扶贫再贷款等。

一、扶贫小额信贷创新:麻阳县"721"模式

2014年12月,国务院扶贫办、财政部、中国人民银行、银监会和保监会发布《关于创新发展扶贫小额信贷的指导意见》,提出创新发展扶贫小额信贷,支持有贷款意愿、有就业创业潜质、技能素质和一定还款能力的建档立卡贫困户发展扶贫特色优势产业,增加收入。该意见提出创新发展扶贫小额信贷的基本要求——"为符合贷

款条件的建档立卡贫困户提供5万元以下、期限3年以内的信用贷款，鼓励金融机构参照贷款基础利率，合理确定贷款利率水平"。依据该文件，各地的扶贫小额信贷逐渐发展起来。本节以湖南省麻阳县的"721"模式为例，介绍扶贫小额信贷的主要做法和特点。

1. 麻阳县简介

麻阳县位于湖南省西部、怀化市西北部，属武陵山片区县，县域面积1 568平方公里，辖19个乡（镇、管理处）、221个村（社区），总人口40.5万人，其中苗族占80.2%。2014年，全县建档立卡贫困村106个（2016年，合并为91个）、贫困户23 995户、贫困人口87 559人。

麻阳县地处武陵山集中连片特困地区，贫困农户贷款不仅"难"而且"贵"。据统计，2003—2013年，全县贫困农户累计贷款不足500万元，贷款年利率高于10%。客观现实倒逼麻阳县突破信贷政策瓶颈，打破原有的条条框框，探索出扶贫小额信贷麻阳"721"模式。

2. 主要做法

（1）创新机制，确保"贷得到"

麻阳县积极创新金融产业扶贫机制，为贫困农户量身定制以"信用评级"为主导的扶贫小额信贷新模式，其核心内容为"一授、二免、三优惠、一防控"。

"一授"，指按照"穷可贷、富可贷，不守诚信不可贷"的原则，改变传统的评级授信指标体系，为建档立卡贫困户量身定制专属评级授信系统，即根据贫困户的诚信度、劳动力人数和家庭收入3项指标评定信用等级和授信额度，3项指标的分值占比分别为70%、20%和10%（以下简称"721"模式）。"721"模式将贫困户的信用和劳动力变为资产，松开了贫困户借款时的抵押担保"紧箍咒"。评级授信坚持"一户一评"，由村里的"五老代表"（老党员、老模范、老军人、老干部、老农民）、乡村干部、扶贫干部、农村商业银行支行行长等人员组成评级授信小组，进行量化计分，确定"优秀""较好"和"一般"三个等级。"优秀"等级授信额度为5万元，"较好"等级授信额度为3万元，"一般"等级授信额度为1万元。对有不讲诚信、赌博、吸毒等不良行为且屡教不改的人员不予授信。

"二免"，即免担保、免抵押。对评级授信被确定为"优秀""较好""一般"等级的贫困农户，无须抵押担保即可获得1万~5万元的贷款，有效解决贫困农户"贷款难"的问题。

"三优惠"，即贷款期限、利率和贴息优惠。在贷款期限上不作硬性限制，根据产业发展周期灵活确定；贷款利率一律实行人民银行同期同档贷款基准利率；财政全额贴息，最长贴息3年，有效解决贫困农户"贷款贵"问题。

"一防控"，即县建立风险补偿基金，银行以风险补偿金为基数，按照1:10的倍数放贷，风险补偿金规模始终按照贷款余额1:10的比例弹性增长。同时，制定基层支行贫困农户小额信贷工作考核管理办法，建立银行客户经理绩效计酬办法和尽职免责办法，根据产业扶贫贷款投放量的2%安排奖励资金，按照5:4:1的比例分别奖励给乡村、农商行、扶贫开发办公室；引入"扶贫特惠保"借款人意外保险和精准扶贫特色农业保险分散贷款风险，解决银行"不敢贷"的问题。

（2）产业带动，确保"有需求"

根据"全县可开发产业基地8.6万亩，资金需求5.6亿元，其中产业扶贫贷款需求达4亿元"的情况，提出"人均开发一亩地，人均增收4 000元"的扶贫目标，制定产业扶贫规划，每个贫困村建立300亩扶贫产业示范园，争取贷款1.5亿元。为实现这一目标，全面发动乡和村干部进村入户、张贴标语、发放资料，大力宣传扶贫小额信贷政策，鼓励贫困农户贷款发展产业。县扶贫办通过召开座谈会，组织扶贫经济组织和村干部对接，再由扶贫经济组织深入村组，召开群众大会，与贫困农户面对面沟通，最后制订实施方案，与有贷款发展产业意愿的贫困农户签订合作协议，配合村里落实贷款。在实施产业扶贫项目时，将扶贫小额信贷资金与财政产业扶贫资金、重点产业扶贫资金配套使用，激发广大贫困农户和扶贫经济组织的贷款积极性，带动更多贫困农户参与产业发展，在家门口就业。

（3）利益联结，确保"有效益"

麻阳县出台《扶贫经济组织管理办法》，组织46个扶贫经济组织与贫困农户建立紧密的利益联结机制，探索创新出3种产业发展模式。第一，自主发展。在扶贫经济组织的统一管理下，贫困农户自主进行产业开发，企业负责技术指导和保底价回收。如江口墟镇田家湾村联合农博生物有限公司，组织30户贫困农户，投入信贷资金150万元自主发展富硒冬木耳60亩，2016年贫困农户户均增收1.7万元。第二，抱团发展。贫困农户将信贷资金归集在一起，抱团发展产业，按户自主进行经营，由合作社负责统一流转土地、提供技术指导、加强管理服务，龙头企业负责产品保底价回收。第三，联村联创。整合财政扶贫资金、扶贫小额信贷资金、重点扶贫产业资金和部门资金，由龙头企业牵头，联村联创发展扶贫产业。如谭家寨乡组织该乡9个村（其中贫困村4个，非贫困村5个）的2 000多名贫困人口，由楠木桥大学生村官创业园牵头，组建宝库岭农业发展有限公司，投入资金2 248万元，在楠木桥村建立2 000亩产业扶贫基地，贫困人口人均增收 7 000 元以上，使贫困地区群众"抱团脱贫"。

(4) 强化监管，确保"收得回"

一是严格项目审核把关。乡镇组织召开贫困群众大会，听取贫困人口发展产业意见，统一思想，选择产业发展项目。县扶贫办组织召开贫困户代表、村工作队、村支两委、乡党委政府、县扶贫办、县财政局、相关职能部门和扶贫经济组织八方评审会，按照全县产业扶贫规划，帮助贫困农户确定扶贫产业项目和发展模式，确定产业项目实施方案。

二是着重抓好带贫企业监管。产业成功是贫困农户增收、扶贫小额信贷可持续发展的关键，而产业成功的关键在于对带贫企业的监管。对此，麻阳县要求扶贫小额信贷必须投向优势产业项目，强化对参与实施扶贫项目的新型农业经营主体的资金监管。

三是加强贷款使用管理。第一，做好贷前审核。建立贷款发放"四级审批"制度，即村产业扶贫金融服务站推荐、乡产业扶贫金融服务部复审、县产业扶贫金融扶贫中心审核、农商行支行审批，帮助贫困农户确定项目和发展模式，把好产业项目发展第一关。第二，实施贷中监管。贷款发放后，评级小组实时监督产业发展动态，对于两个月内未启动产业发展的借款人，通知银行提前收回贷款。制定扶贫小额贷款资金管理办法，把扶贫贷款等同于扶贫资金，由县金融服务中心统一监管，确保信贷资金安全运行。第三，落实贷后监管。采取内、外监管相结合，要求乡村干部作为扶贫企业的监事会成员参与内部管理，还聘请第三方财务公司，对贫困农户贷款资金的使用实行财务监管。第四，强化清收责任。政府加强金融生态环境建设，严厉打击恶意逃贷、赖贷行为，营造良好的信用环境。

中国人民银行麻阳县支行出台《农户信用体系管理办法》,建立与政府内网同网并行的农村信用信息平台,完善贫困农户信用信息共享机制。麻阳县成立金融扶贫服务中心,与金融生态办联合办公,负责清收不良贷款,并把这项工作纳入全县绩效考核,确保信贷资金良性运转。

3. 实施效果

在"721"评级授信系统下,贫困户只要身体健康,诚实守信,就可以通过信用评级,获得贷款资格。截至2018年8月,全县有92.35%的建档立卡贫困农户获得有效授信,授信额度达4.92亿元,安排风险补偿金1 700万元,贷款余额1.13亿元,累计发放扶贫小额信贷2.3亿元,帮助5 200多户贫困农户户均增收1.6万元。全县到期贷款2 366笔,金额11 372.48万元,收回贷款2 354笔,金额11 318.92万元,回收率达99.52%。

截至2018年8月,全县91个贫困村分别建立了100亩以上的扶贫产业示范园,形成了黑木耳、黄桃、富硒刺葡萄3个产值过亿元的扶贫新产业,5万多名贫困群众实现了发展产业和稳定就业梦,3万多名群众实现稳定脱贫。

二、信用评级创新:盐池县"631"评级授信和"四信评定"

1. 盐池县简介

盐池县位于宁夏回族自治区东部、陕甘宁蒙四省交界地带,地处毛乌素沙漠南缘,国土面积8 522.2平方公里,辖4乡4镇1个街道办,102个村民委员会,656个村民小组,总人口17.2万人,其中农业人口14.3万人。

2. "631" 评级授信

在传统金融模式下,银行在发放贷款之前,首先要对借款人进行信用评级,然后根据借款人的信用级别进行授信。传统金融的信用评级指标体系比较注重资产和收入,资产和收入极少的贫困户信用评级很难及格,因此被阻挡在贷款的第一道门槛之外,遭遇"贷款难"问题。宁夏盐池县针对这个问题,创新发展免抵押免担保的"631"评级授信模式,并将适用范围进一步扩大,形成全县适用的"四信评定"。

(1) 主要做法

"631"评级授信最初是专门针对建档立卡贫困户的评级授信系统。信用评定主要依据《盐池县信用户评分参考标准》(见表4-1)中的指标体系进行评分,实行百分制,涉及四个方面:第一,基本情况(占10%),包括评定对象的年龄、学历、婚姻状况和健康状况;第二,家庭收入及资产负债情况(占30%),包括评定对象的家庭收入等总资产及资产负债率;第三,信用状况及参保情况(占50%),包括有无不良贷款和对外担保情况;第四,遵纪守法(占10%),包括有无各种欠账、赌博、吸毒、邪教、近3年有无拘留和犯罪记录、是否参与聚众上访,在本村内有无重大不良影响、不良嗜好及司法诉讼记录等情况。

按信用评价得分高低将评级对象分为四个级次:AAA级信用户,综合得分在90分(含)以上;AA级信用户,综合得分在80分(含)至90分;A+级信用户,综合得分在70分(含)至80分;A级信用户,综合得分在60分(含)至70分。

该评级授信系统改变原有的银行评级授信标准,将建档立卡贫困户的诚信度占比由原来的10%提高到60%(包含信用状况及参保情况占比50%和遵纪守法占比10%两项），资产状况占比由原来的60%下调为30%，基本情况由原来的30%下调为10%，简称"631"评级授信。

"631"评级授信的主要创新是对建档立卡贫困户大幅下调资产和收入占比，上调诚信度占比。这样，遵纪守法、诚实守信的贫困户也就有可能信用评级合格，从而获得贷款。"631"评级授信创新的主要贡献是降低贷款门槛，在一定程度上解决"贷款难"问题。

表4-1　　　　　　　盐池县信用户评分参考标准

指标分类	评价指标		分值
	二级指标	三级指标	
基本情况（10分）	年龄	25~50岁	3
		25岁以下，50岁以上	1.5
	学历	大专以上	2
		中专及高中	1
		高中以下	0.5
	婚姻状况	已婚	2
		未婚	1
	健康状况	家庭成员均健康	3
		家庭成员中存在健康状况较差的	1.5
		家庭成员中有重大疾病的	0.5
家庭收入及资产负债情况（30分）	人均可支配收入	高于本县平均水平	10
		达到本县平均水平	5
		低于本县平均水平	0
	家庭总资产	高于本县平均水平	10
		达到本县平均水平	5
		低于本县平均水平	0
	资产负债率	30%以下	10
		30%（含）~40%	7
		40%（含）~50%	5
		50%（含）以上	0

续表

指标分类	评价指标		分值
	二级指标	三级指标	
信用状况及参保情况（50分）	有无不良贷款	无	20
		有	0
	对外担保	无	10
		担保贷款正常	8
		担保贷款逾期且担保金额小于1万元	4
		担保贷款逾期且担保金额大于1万元	0
	有无参加社保、医保等	参加两项以上	20
		参加一项	10
		无	0
遵纪守法（10分）	各种欠账	无	1
		有	0
	赌博嗜好	无	2
		有	0
	吸毒记录	无	2
		有	0
	邪教活动记录	无	1
		有	0
	司法诉讼记录	无	1
		有	0
	行政处罚记录	无	1
		有	0
	聚众上访	无	1
		有	0
	重大不良影响记录	无	1
		有	0

资料来源：中共盐池县委办公室，盐池县人民政府办公室.盐池县农村信用体系建设"乡村组户"四级信用评定办法（试行）[Z].2016-01-18.

根据表4-1的《盐池县信用户评分参考标准》，信用评定小组将贫困户的信用等级分为AAA、AA、A+、A四个等级，分别确定授信额度，发放"富农卡"。每个信用等级相应的"富农卡"授信额度如表4-2所示，AAA级可贷10万元，AA级可贷5万~10万元，A+级可贷2万~5万元，A级可贷2万元。

表4-2 建档立卡贫困户信用等级及"富农卡"授信额度

信用户信用等级	授信额度
AAA	10万元
AA	5万~10万元
A+	2万~5万元
A	2万元

（2）实施效果

建档立卡贫困户的信用等级每2~3年评定一次，一次授信。"富农卡"内信用额度3年内随用随取，随时偿还，不用时不产生利息，利率按照基准利率计息，实现贫困户借款门槛降低、借款方便、还贷自由、利率大幅降低的目标，破解贫困户"贷款难、贷款贵"的难题。

截至2018年7月，盐池县贫困发生率由2014年的24.5%下降为0.66%，农民人均可支配收入由6 975元增长到9 548元，全县农业贷款从21亿元增加到35亿元，扶贫小额信贷余额从1.6亿元增加到8亿元，贷款的建档立卡贫困户户均余额由3.6万元增加到9.2万元。

3. "四信评定"

（1）主要做法

2016年1月，中共盐池县委办公室发布了《盐池县农村信用体系建设"乡村组户"四级信用评定办法》（以下简称《"四信评定"办法》），把针对建档立卡贫困户的"631"评级授信的成功做法扩大到全县所有农户，建立信用户、信用组、信用村、信用乡（镇）"四信评定"系统，具体框架如图4-1所示。

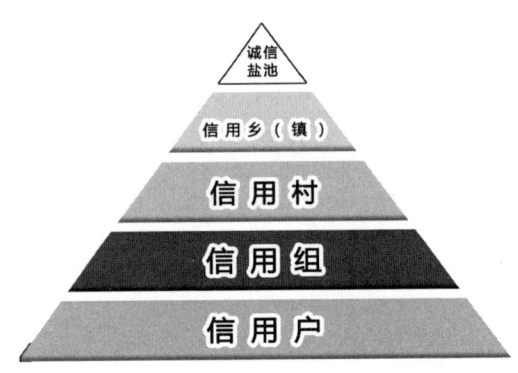

图 4-1 盐池县"四信评定"系统

依据《"四信评定"办法》，成立盐池县信用体系建设信用评定领导小组。领导小组由县政府分管副县长担任组长，县财政局局长、扶贫办主任、人民银行县支行行长为副组长，各乡镇政府分管扶贫工作领导、在县银行（信用联社、中国工商银行、中国农业银行、中国建设银行、宁夏银行、中国邮政储蓄银行、汇发村镇银行）负责人为成员，领导小组下设办公室，由人民银行县支行行长担任办公室主任。各村成立信用组、信用户评议小组，由村党支部书记负责，成员为 7~11 人，负责信用组、信用户等级初评工作。

"四信评定"实行"一次摸底、四级评审、两轮公示"制度，确保扶贫小额信贷惠及真正需要的建档立卡贫困户。"一次摸底"即由扶贫办、金融机构、乡村组成评审小组对贫困户逐户摸底调查；"四级评审"即由行政村、县扶贫办、金融机构、人民银行逐级评审；"两轮公示"即村两委公示、金融机构公示。

评定小组走村入户摸底调查，按照"1531"的比例（精神文明 10%、信用情况 50%、家庭资产 30%、基本情况 10%），将全县所有农户的信用情况由低到高分为 A、A+、AA、AAA 四个信用等级，实行贷款额度、利率优惠与信用等级挂钩，推行免担保免抵押贷款，

第四章 特惠金融实践探索与案例分析

有效降低贷款门槛和贷款成本。

在对全县农户进行信用评定后,按照信用户数占全村总户数的比例等指标确定信用组;再按信用组比例和不良贷款率等指标确定信用村;最后按照信用村比例和不良贷款率等指标确定信用乡(镇)。"四信评定"的具体标准见表4-3。

表4-3 盐池县"四信评定"标准

信用级别	评定标准	信用等级
信用户	1. 评定对象基本情况(占10%):包括评定对象的年龄、学历、婚姻状况和健康状况。 2. 资产与负债情况(占30%):包括评定对象的家庭收入等总资产及资产负债率。 3. 信用状况(占50%):包括有无不良贷款和对外担保情况。 4. 遵纪守法(占10%):包括各种欠账、赌博、吸毒、邪教、近3年无拘留和犯罪记录、没有参与群众上访,在本村内无重大不良影响、不良嗜好及司法诉讼记录等情况	按得分高低和相关评价将信用户分为四个级次: ◇ AAA级信用户:综合得分在90分(含)以上; ◇ AA级信用户:综合得分在80分(含)至90分; ◇ A+级信用户:综合得分在70分(含)至80分; ◇ A级信用户:综合得分在60分(含)至70分
信用组	1. 信用户数量占全村总户数的70%以上,同时2A级以上的信用户占比达到全村民小组50%以上。 2. 本村民小组农户贷款率达35%以上	
信用村	1. 本村信用组比例在70%以上。 2. 本村不良贷款率在5%以下;无拖欠贷款本息的农户占辖内总数的95%以上;村级经济组织无不良贷款,以及为他人担保的贷款能履行担保义务。 3. 村党支部和村委会团结务实,群众威信高;关心支持金融机构的各项工作,积极协助金融机构组织资金、清收贷款、协助开展资信评定工作;村内社会治安状况良好	

续表

信用级别	评定标准	信用等级
信用乡（镇）	1. 辖内信用村数量占本乡镇总数的50%以上。 2. 本乡（镇）不良贷款率在5%以下。 3. 乡（镇）党政部门支持金融机构工作，乡（镇）所属企业及有关职能部门无不良贷款，协助开展资信评定工作，全乡（镇）社会治安状况良好	

（2）实施效果

按照《"四信评定"办法》要求，"四信评定"采取两年一次集中评审，一年一次复核审查，统一授牌并备案管理的措施。截至2018年7月底，全县已评出信用乡镇8个，实现全覆盖，信用村92个，信用组525个，信用户4.8万户。

在"四信评定"过程中，中国人民银行盐池县支行与县政府、各家金融机构共同研究，创新开发"盐池智慧扶贫综合管理服务平台"。该平台能够实现数据采集、贷款综合分析、互助资金分析、千村信贷分析、资金捆绑分析、小额信贷分析等模块的实时监测，在此基础上添加"评级授信分析（即'四信评级'）模块"，并将"四信评级"纸质档案转换为电子档案上传至"盐池智慧扶贫综合管理服务平台"，实现贫困户的基本情况、家庭人员、家庭财产、农机具、机动车辆、帮扶台账、家庭收入支出、保险、银行贷款等信息的一体化管理。2017年8月底，智慧扶贫综合管理服务平台为全部贫困人口建立电子档案，其中"四信评定"中的数据指标成为扶贫工作的关键和扶贫小额信贷审贷的重要参考标准。

此外，盐池县把农村金融便民服务网络建设纳入全县"五通八有"基础设施建设总体部署，协调盐池县各银行业金融机构，在全县 8 个乡镇设立 14 个便民服务网点，102 个行政村设立 193 个金融便民服务终端。同时，将电子银行操作等金融知识培训纳入全县贫困户培训计划，在贫困村大力推广手机银行、网络银行等电子银行业务，并协调中民投等企业为贫困户免费发放智能手机 1 500 部，切实让群众足不出户就能实时办理免费转账，随时还贷、清息、缴费等业务，实现金融服务网点全覆盖，破解偏远乡村金融服务网点空白的难题。截至 2017 年 6 月底，共为全县 6.64 万人办理手机银行、网银等电子银行业务。

三、产资融合创新：灵璧"一自三合"模式

1. 灵璧县简介

灵璧县位于安徽省东北部，总面积 2 125 平方公里，辖 6 乡 13 镇和 1 个省级经济开发区，人口 130 万，耕地 181 万亩。2014 年，全县有建档立卡贫困人口 94 986 人、贫困村 73 个，贫困发生率 8.11%。近年来，县委、县政府以扶贫小额信贷撬动产业发展，为贫困户增收脱贫注入金融活水。2018 年以来，针对贫困户"选择产业项目难""筹集发展资金难""生产经营管理难""拓展市场销售难"和"怕亏本赔钱"等"四难一怕"问题，大力促进扶贫小额信贷与产业发展融合，探索推广自我发展、合伙发展、合作发展、合营发展等"一自三合"做法，走出一条具有灵璧特色的"金融+产业"融合发展、带贫减贫之路。截至 2019 年 4 月底，全县累计投放扶贫小额信贷 14 826 户、6.82 亿元，目前存量贷款 10 651 户、5 亿元。

2. 主要做法

（1）自我发展。立足当地传统资源优势，从有劳动能力和发展基础的贫困户入手，因地制宜，因户施策，鼓励和支持贫困户通过

扶贫小额信贷,大力发展特色种养等产业,实现自我发展、增收脱贫。一是坚持群众主体。尊重农民主体地位,以贫困户自愿为前提,积极落实扶贫小额信贷政策,着力破解贫困户发展特色优势产业资金瓶颈问题。目前,全县贷款贫困户累计选择产业项目1.48万个,其中"户贷户用自我发展"项目6 015个,投入扶贫小额信贷资金2.77亿元。二是强化政府推进。研究制定金融扶贫系列文件,建立县乡村三级金融扶贫服务机构,组织驻村扶贫工作队和帮扶干部精准帮扶,帮助贫困户选准产业项目、精准使用贷款。三是银行跟进服务。完善评级授信机制,实行"631"授信法(即贫困户诚信度占比60%、家庭劳动力占比30%、家庭纯收入占比10%),降低贷款门槛;创新服务方式,吸收村"两委"和村民代表参与,成立评贷委员会,在村级金融扶贫服务室开办"拎包银行",同时引入中农信数据管理系统,提高办事效率,确保群众"只跑一次腿、两天拿到钱"。例如,虞姬乡朱桥村贫困户刘勤灵,在金融扶贫服务室的帮助下,申请5万元贷款,购买仔猪20头,发展繁育养殖,截至目前已出栏育肥猪20头,盈利7 000元,存栏40头尚有20头待出栏,像这样的贫困户该村还有近10户。

(2)合伙发展。充分发挥村"两委"和驻村扶贫工作队、帮扶联系人的作用,积极穿针引线,引导和帮助贫困户与贫困户,贫困户与一般农户,或与能人大户等合伙发展,通过穷帮穷、富帮穷,共同发展,让贫困户发展产业增强信心,获得技术支持、生产服务和市场"通道"。目前,全县共有3745户贫困户参与合伙发展。

(3)合作发展。针对贷款贫困户"单打独斗"发展产业面临的原料采购成本高、生产经营管理难、销售利润流失大等问题,我们根据信贷资金流向和地缘关系,梳理相同产业,以"合并同类项"

的方式,鼓励贫困户抱团成立合作社,这个合作社不是能人大户占大头的合作社,而是贫困户占大头的穷棒子社,合作社通过开展规模化生产、标准化管理、品牌化销售,增强抵御风险能力和产业营利能力。例如,大庙乡雅丽竹枝加工专业合作社的 26 户贫困户,统一原材料采购、统一标准分散加工、统一线上线下同步销售,原料成本下降 10%,销售价格提高 15%,销量扩大 30% 以上。目前,全县共有 1 320 户贫困户通过合作发展获益,约占贷款贫困户的 11.3%。

(4) 合营发展。积极引入社会力量参与扶贫开发,鼓励村集体或龙头企业等新型经营主体参加贫困户成立的农民合作社,成立新的经营主体,发挥其在资金、技术、信息、销售和服务等方面的优势,实现新型经营主体服务支持合作社发展,带动贫困户发展,保证贫困户收益最大化。例如,尹集镇充分利用境内光大生物质发电厂龙头企业优势,与光大生物质发电厂签订农作物秸秆收购协议,引导辖区 17 个行政村分别成立 1 家秸秆综合利用合作社,充分吸收村内贫困户为社员,村集体以产业扶贫资金入股合作社,其中吸纳的 107 户贫困户以 535 万元扶贫小额信贷持大股,购置 107 台打捆设备,形成了秸秆综合利用产业发展利益共同体,同时在合作社秸秆收储草场设置大量公益性岗位,带动 100 名贫困户长期就业,在贫困户增收的基础上,村集体经济因此项收入达 5 万元以上,奠定了村出列的坚实基础,真正做到贫困户脱贫、秸秆综合利用和集体经济壮大一举三得。

同时,为防范扶贫小额信贷风险,建立健全风险防控、风险分担和风险缓释机制,县财政建立风险补偿金 3 356 万元,加强风险补偿金使用管理;积极创新保险扶贫产品,对接人保财险公司签订了全省"脱贫保"综合保险扶贫第一单,为全县贷款贫困户集中办理人身意外伤害险、农产品收入险、第三方责任险、大病医疗保险和扶贫小额信贷保险于一体的"一张大保单保险",充分发挥保险扶贫风险保障作用。

四、企业扶贫贷款创新:麻阳县扶贫经济组织贷款

为鼓励企业带动贫困户脱贫致富,麻阳县创新发展了扶贫经济组织贷款。扶贫经济组织是指与县扶贫办、贫困户分别自愿签订扶贫产业帮扶开发协议,参与扶贫产业开发的农业企业、农民专业合作社、家庭农场、专业大户等。表4-4列示麻阳县农商行对扶贫经济组织制定的特惠金融措施。

表4-4　　　　　　麻阳县扶贫经济组织贷款的特惠措施

帮扶方式	帮扶数量	增加授信模式
"五统一保"	农业企业100户以上; 合作社50~100户; 家庭农场和大户30~50户	增加合同总额15%~20%(不超过)的"产品订购销售合同质押贷款"
为集体连片农户提供产品购销服务	农业企业100户以上; 合作社50~100户; 家庭农场和大户30~50户	增加合同总额的10%(不超过)的"产品订购销售合同质押贷款"
吸纳贫困户就业	农业企业50人以上; 合作社30人以上; 家庭农场和大户15人以上; 并给予当地农业劳动工人平均工资收入的	增加工资总额5~10倍的"帮扶型就业信用贷款"
—	—	增加农户"三权"价值50%的(农户的土地经营权、林权、农村房屋产权)抵押贷款

第二节　保险业特惠金融实践探索

保险特有的功能机制，决定保险在脱贫攻坚中大有可为。保险机制的保障功能有助于促进贫困地区提升风险管控能力；保险机制的利益调节功能有助于完善贫困治理方式；保险机制的融资功能有助于向贫困地区"输血"并增强"造血"功能；保险机制的杠杆功能有助于放大扶贫资金的使用效应。各地区不同模式的保险扶贫探索，逐步证实了这一点。

一、农业保险扶贫探索：阜平县模式和盐池县模式

1. 阜平县"金融扶贫，保险先行"模式

（1）阜平县简介

河北省阜平县是革命老区，是我党我军历史上创建的第一个敌后抗日根据地——晋察冀边区政府所在地。阜平县地处太行山腹地，沟壑纵横，土地贫瘠，交通不便，产业基础薄弱，基础设施条件差，人均收入低，一直是国家级贫困县，并且由于贫困范围广、贫困程度深、发展基础薄弱，被列为燕山—太行山国家集中连片特困地区扶贫开发工作重点县、燕山—太行山片区区域发展与脱贫攻坚试点。阜平县山场面积326万亩，占总面积的87%，耕地面积仅21.9万亩，人均0.96亩，俗称"九山半水半分田"。全县164个贫困村，占全部行政村的78.5%。2014年建档立卡贫困人口10.81万人，占总人口的48%，产业基础薄弱，财政收入较少，金融资源匮乏，脱贫攻坚任务艰巨。

阜平县以大力发展农业保险作为突破口，为贫困户发展生产提

供自然灾害事故和市场价格下跌双重保障,通过保险兜底,协助基层政府建设信用体系,降低农户到期无法偿还贷款的风险,稳定金融机构的风险预期,建立"政府+保险+银行+农户(企业)"的金融扶贫模式,有效解决金融机构经营成本高、风险大和农户贷款难、贷款贵,抵御市场风险能力弱的问题,率先在全国以"保险引进去",推动"金融活起来",助力"产业兴起来",实现"群众富起来"。河北省阜平县开创全国"金融扶贫、保险先行"的金融服务模式。

(2) 主要做法

①产品创新:开发特色农险。按照"中央支持保大宗、保成本,地方支持保特色、保产量,有条件的保价格、保收入"的要求,除了中央和省政府提供补贴的玉米、马铃薯、花生、奶牛、能繁母猪、林木、设施农业等政策性农业保险险种外,阜平县还根据当地农业种养特色,因地制宜开发适合贫困山区特点的大枣、核桃、肉牛、肉羊成本价格保险和养鸡保险、种羊养殖保险 6 种县级财政补贴险种。县政府提供 60% 的保费补贴,参保农户自己承担 40% 的保费。成本价格保险既保障灾害事故造成的产量损失,又保障市场价格下跌损失,锁定贫困户农业生产成本收益,填补河北乃至全国农业保险市场的空白,获得 2015 年度全国农业保险创新奖。2016 年 3 月,中国人保财险公司根据阜平县扶贫产业发展方向,集中修订开发食用菌、肉驴、蜂业、毛皮动物、杂粮、中药材等 28 款扶贫保险产品,建立特色扶贫农业保险产品体系,保障农户生产收益。

②模式创新:联办共保。2014 年 11 月,阜平县采用"联办共保"模式推进农业保险,国家政策性农业保险按有关规定执行,当地商业性保险产品农户和企业自缴保费的 40%,政府补贴 60%。农

户、企业缴纳和政府补贴形成的保费收入，由人保财险和政府保险专户5:5分成，保险理赔由中国人保财险、政府相关部门和乡村两级金融服务机构共同查勘定损，赔款由人保财险和政府保险专户5:5分担。同时，为防止把政府负担部分的保费赔穿，阜平县政府拿出3 000万元设立保险风险保障基金，并建立保险保障基金补充机制。如果当年的理赔金额小于保费收入，节余自动留在保险基金，不断扩大保险基金规模。这不仅从制度层面保障保险业务可持续经营，推动"三农"保险保障范围与保障水平提升，而且有效放大财政资金的使用效果，以少量财政投入撬动更多社会资源，有效解决扶贫资金"血源不足"的问题。阜平县按照政府抓金融扶贫，既不当运动员，也不当裁判员，要当好场地服务员的理念，建成由县金融服务中心、乡金融工作部、村金融工作室构成的县、乡、村三级金融服务网络，覆盖全县13个乡镇209个村，为金融保险扶贫提供了坚实的组织保障。保险公司和政府分别利用技术优势和行政资源协同推进农业保险，降低推进工作的成本和难度。

③制度创新：探索"基本+补充"普惠农险。为破解贫困户对农业保险缺乏需求与农业保险交易成本高的双重困境，切实兜住农业产业风险和真正做到保险普惠，阜平县探索"基本+补充"的普惠性农业保险开办制度，其核心在于"政府补助保费保基本、农户自愿参保保增量"，即由阜平县政府对基本保障全额补助保费实行统保，农户根据自身投保意愿和缴费能力可以自费提高保障水平。通过建立普惠性农业保险开办制度，不仅可以为广大贫困户提供有效的基本风险保障，体现保险扶贫的普惠性；同时通过为部分有缴费能力的农户提供更高的保障水平，实现对农户的精准支持。

④融资创新：启动"政融保"金融扶贫。按照"政府政策支

持+保险资金融资+保险风险保障"的运行模式,积极启动"政融保"金融扶贫项目,将阜平县作为开展支农融资业务的首家试点地区,通过发挥保险保障、保险资金以及农村扶贫数据集合等支农优势,提供保险、项目融资、数据信息等综合金融服务。按照"政府政策支持,保险保障增信,保险融资支农,精准扶贫覆盖"的原则,实现政融保联动,为农户和农企提供农业保险和信贷资金支持,形成了一条完整的金融扶贫服务链。2018年,首届"全国保险业助推脱贫攻坚大十典型",河北阜平"政融保"上榜。

⑤增信创新:保险发挥增信功能。保险公司积极开展农业保险、借款人意外险及贷款保证保险等信用增进类保险,转嫁贷款链条中的自然灾害、意外及信用风险,帮助贫困户更加容易地获取银行小额贷款。由于农业保险为偿还贷款提供基本保障,银行放款积极性提升。

(3) 实施效果

通过实施"农业保险全覆盖",开发推广特色农业保险和成本价格损失保险,积极探索"保险+贷款"和保险资金支农融资的新型金融扶贫模式,为农户投资提供保险保障和信贷支持,保险助推脱贫攻坚取得初步成效。

①风险保障显著增加。阜平县农业保险保费收入由2014年的418万元增长到2017年的3 960万元,保险金额由2014年的6.95亿元增长到2017年的15.84亿元,农业保险赔款由2014年的323.71万元增长到2017年的3 339.07万元。

②扶贫产业快速发展。2014年,阜平县农业产业仅以大枣、核桃种植为主,种类单一,风险很大,收入不稳,种植面积还不断下降。在农业保险提供风险保障和融资支持后,阜平的农业产业化程

度明显提升，扶贫产业数量由 2014 年的 6 个增加到了 2017 年的 21 个，实现了食用菌、核桃、大枣种植业和肉牛、肉羊养殖业等多元化扶贫产业发展。

③扶贫资源配置优化。农业保险所特有的扶危济困、以小博大、损失补偿等属性与功能，使其具有其他扶贫手段难以比肩的优势：第一，确定性，通过农业保险合同的约定，投保农户灾后获得的补偿是一个相对确定的数字，比灾害救济要确定得多；第二，杠杆性，政府补贴 1 元的农业保险保费和给贫困户直接补贴 1 元相比，效应要大很多。例如，2017 年阜平县财政拿出 2 382 万元资金补贴农业保险，获得的农业保险风险保障却高达 16 亿元，相当于用 1 元扶贫资金购买了 67 元的风险保障，财政资金的放大倍数达到 67 倍。

④脱贫攻坚成效显著。在农业保险的风险保障和融资增信的支持下，阜平县保险助推脱贫攻坚取得初步成效。2017 年，阜平县实现财政收入 5.14 亿元，是 2014 年 2.95 亿元的 1.74 倍；城镇居民人均可支配收入 16 072 元，是 2014 年 11 647 元的 1.38 倍；农村居民人均可支配收入 7 405 元，是 2014 年 5 150 元的 1.44 倍；1.34 万贫困人口脱贫，贫困人口从 2014 年的 10.81 万人下降到 2.66 万人，贫困发生率由 2014 年的 50% 左右降至 2017 年的 13.8%。[①]

2. 盐池县"2+X""脱贫保"模式

（1）主要做法

①根据贫困户致贫原因构建"2+X"保险产品

盐池县智慧扶贫系统数据显示，2016 年，盐池县 11 228 户建档立卡贫困户（共 34 046 人）中，3 498 户是因病致贫，占全县建档立

[①] 冯文丽. 农险扶贫的"阜平模式"[J]. 中国金融，2018（17）：86-87.

卡贫困户的 31.15%；1 207 户是因残致贫，占 10.75%；两项占全部建档立卡贫困户的 41.9%。此外，盐池县的产业发展面临自然灾害、市场波动、资金匮乏等阻碍因素，有 4 045 户建档立卡贫困户"缺技术"，占比达 36.03%，构成单项致贫原因中占比最高的群体。由此可见，盐池县贫困户面临的两大重要风险源为人身类风险和生产类风险。

为实现脱贫攻坚"不落一人，不落一户"的目标，有效降低农民生产生活中面临的人身风险和生产风险，盐池县探索保险扶贫模式，为贫困户量身定做"2+X""脱贫保"产品。

如图 4-2 所示，"2+X""脱贫保"产品为贫困户提供全覆盖的人身保险和符合个性化需求的农业保险。"2"指"家庭成员意外伤害保险"和"大病补充医疗保险"两种人身保险，在建档立卡贫困户中实现全覆盖；"X"则指贫困户根据自身需求从黄花菜种植保险、马铃薯收益保险、玉米收益保险、荞麦产量保险、滩羊肉价格指数保险等 12 种特色农业保险中选择。政府为建档立卡贫困户的"2+X"产品提供保费补贴。

②"脱贫保"人身保险产品兜住贫困户的主要生活风险

家庭综合意外伤害保险投保范围为盐池县所有农村户口居民，保险责任为意外死亡、伤残、意外医疗。以户为单位投保，每户每年保险费 100 元/份，每户意外伤害保险金额 99 000 元/份，意外伤害医疗保险金额 9 900 元/份，除去 100 元免赔额后按照 80% 赔付。意外伤害保额、意外伤害医疗保额和疾病死亡保额按照每户户口内人数均分。

大病医疗补充保险投保范围为盐池县所有农村户口居民。保费收取标准为 90 元/人（贫困户为 45 元/人）。大病医疗补充保险最高

第四章 特惠金融实践探索与案例分析

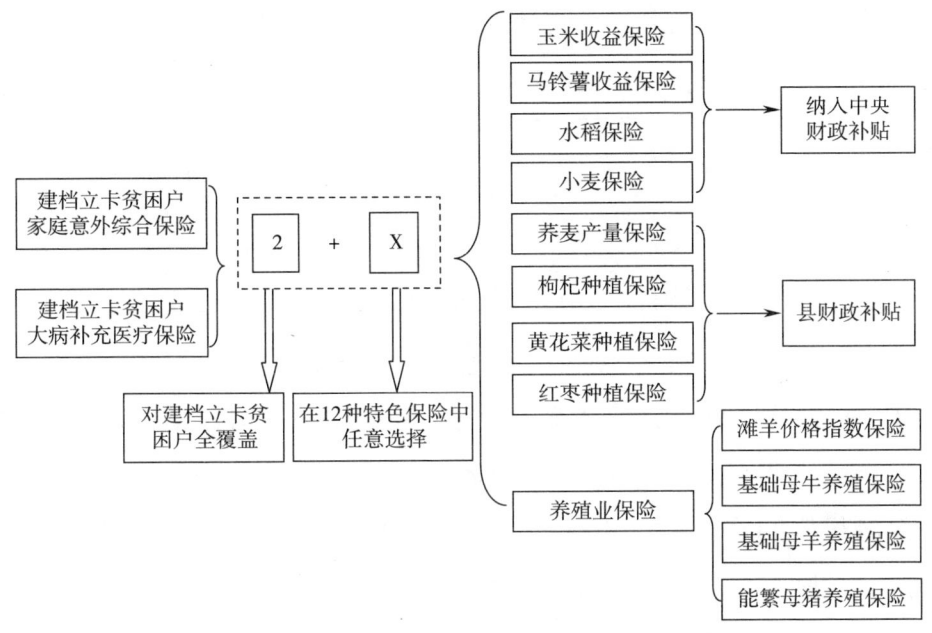

图 4-2 盐池县 "2+X" "脱贫保" 产品

报销额度 20 万元。保险责任为：参保人群医疗费用在城乡居民基本医疗保险报销后，剩余目录内医疗费用达不到大病起付线的，对单次医疗费用在 5 000 元至大病起付线之间的，对目录内费用按照 50% 报销；对剩余目录内医疗费用在大病医疗保险起付线之上的，大病医疗保险报销后剩余费用由大病医疗补充保险按比例报销：个人自负的目录内医疗费用，由大病医疗补充保险报销 80%，个人负担 20%；个人自付的目录外医疗费用，由大病医疗补充保险报销补偿 70%，个人负担 30%，保险年度内最高报销额度以 20 000 元为限。

老年人意外伤害保险凸显对弱势群体的关注，提高老年人的人身保障水平。保费 90 元，保额 40 800 元，建档立卡贫困户的保费全部由政府出资。

借款人意外伤害保险的保险责任为在金融机构贷款的建档立卡贫困户日常生活或劳动中发生意外伤害导致的身故和伤残。

表4-5列示盐池县"脱贫保"人身保险产品的主要内容。

表4-5　　盐池县"脱贫保"人身保险产品的主要内容

保险产品	保费	保额
贫困家庭成员意外伤害保险	100元/户	99 000元/户
贫困家庭成员大病补充医疗保险	45元	累计最高赔付限额200 000元/人
借款人（互助社社员）意外伤害保险	保险费率为1.8‰	建档立卡户实际贷款金额
老年人意外伤害综合保险	保费90元/人	40 800元

③"脱贫保"财产保险产品兜住贫困户主要生产风险

"脱贫保"财产保险主要由中国人民保险公司盐池县支公司牵头，产品主要分为两类：一是扶贫小额信贷保险，当借款人无法偿还金融机构的贷款时，由保险公司进行赔偿，转嫁金融机构的信贷风险，鼓励金融机构为农户提供贷款，增加农户信贷可获得性，同时降低农户的借款利率和信贷成本；二是针对盐池县的滩羊、荞麦、黄花菜、马铃薯等特色优势产业提供各类农业保险，其中包括价格指数保险、收入保险等创新险种。收入保险将农业保险的"保灾害"延伸到"保价格下跌和产量降低"，对建档立卡贫困户投保的优势特色产品因价格下跌或者产量降低导致销售收入低于保险合同约定的预期收益时，均由保险公司在各项责任对应的保险金额内进行赔偿。

在财产保险方面，通过产品创新进行差别化处理，在原有保险产品的基础上，按照"保本微利"原则对建档立卡贫困户进行政策倾斜，实行最低保费、最优保额，以扩大保险覆盖面。

表4-6　　盐池县"脱贫保"部分财产保险产品及优惠政策

保险产品	保费与保额		对建档立卡贫困户的优惠
	建档立卡贫困户	普通农户	
黄花种植保险	1 000元/亩		专门针对建档立贫困户
荞麦产量保险	保费12.8元/亩 保额128斤/亩		专门针对建档立贫困户。 保险责任为每亩128斤

续表

保险产品	保费与保额		对建档立卡贫困户的优惠
	建档立卡贫困户	普通农户	
滩羊价格指数保险	保费 30 元/只 保额 720 元/只		专门针对建档立卡贫困户。 保险合同价格为 22 元/斤
基础母牛保险	保费 245 元/头 保额 7 000 元/头	保费 150 元/头 保额 2 500 元	保险费率由原来的 6% 下降至 3.5%，保险金额更接近困难群众的基本物化成本
基础母羊养殖保险	保额 600 元	保额 500 元	在保费不变的基础上提高保额，使保险保障程度更接近困难群众的基本物化成本
能繁母猪养殖保险	保费 60 元/头 保额 1 000 元/头	保费 60 元/头 保额 1 000 元/头	建档立卡贫困户的保费全部由政府承担

④建立保险风险补偿基金降低经营风险

2017 年，为了保证"脱贫保"业务的可持续发展，盐池县新增 1 000 万元的"脱贫保"风险补偿基金，建立政府与保险公司之间的风险利益共担机制。一个保险周期内，如果保险公司盈利，60% 的收益返回风险补偿基金累积；如果亏损，风险补偿金与保险公司按照 6:4 的比例分担。风险补偿基金解决了保险公司承保"脱贫保"产品亏损较大的后顾之忧。

（2）实施成效

截至 2017 年底，盐池县累计脱贫 10 792 户 32 078 人，剩余贫困人口 411 户 920 人，贫困发生率由 2014 年的 23.7% 下降到 2017 年的 0.66%；农民人均可支配收入由 2014 年底的 6 975 元增加到 2017 年底的 9 548 元，年均增长 12.3%；74 个贫困村全部脱贫出列，基础设施明显改善，基本公共服务领域主要指标接近全国平均水平；特色产业对贫困人口增收贡献率达 60% 以上，健康扶贫、教育扶贫、生态扶贫、光伏扶贫等亮点突出，探索出金融扶贫"盐池模式"。

2018年,经盐池县申请、吴忠市初审、宁夏回族自治区第三方评估核查和自治区扶贫开发领导小组会议审议和公示,并经国务院扶贫开发领导小组组织的贫困县退出专项评估检查,盐池县符合贫困县退出条件,宁夏回族自治区人民政府批准盐池县退出贫困县序列,率先在宁夏回族自治区脱贫摘帽。

二、医疗保险扶贫探索:赣州市模式

1. 赣州市简介

赣州市位于江西省南部,是著名的革命老区、红色革命的摇篮,也是全国脱贫攻坚的主战场之一。赣州市现有19个县(市、区),人口954万人,老区面积和人口分别占全市的80%和76.7%。2014年,全市共有贫困村1 419个,占全部行政村的41%;贫困发生率13.1%,比全国、全省分别高出5.9个和5.4个百分点;有105万建档贫困人口,其中因病致贫占比34.7%。

2. 主要做法

为有效解决贫困人口大病保险保障之上的高额医疗费用,赣州市2015年在寻乌、南康、大余、全南、安远等9个县区先行先试,委托保险机构实施"精准扶贫医疗保险"项目,对贫困人口经基本医保、大病保险报销后个人自负部分,扣除3 000~10 000元起付线后予以分段报销。该项目推出后受到各方好评。为了让这一创新举措惠及全市更广大贫困人口,2016年1月,赣州市政府出台政策,在全市范围内探索运用商业保险机制实施精准扶贫,财政全额出资为全市建档立卡贫困人口购买精准扶贫医疗保险,取得积极成效。

3. 实施效果

(1)构筑"四道保障线",极大地降低贫困人口医疗负担。在新农合基本医疗保险、新农合大病保险、民政城乡医疗救助三道防线基础上,再为贫困户增设一道重大疾病商业补充保险,极大地降低贫困人口的医疗负担。测算表明,通过新农合基本医疗保险,贫困农民住院费用自负比约为 58.2%;通过新农合大病保险,贫困农民住院费用自负比降至 43.8% 左右;通过农村贫困人口重大疾病商业补充保险,贫困农民住院治疗费用自负比例降至 4.4% ~10%。对经前三道保障线后个体自负费用仍超出家庭负担的,民政给予医疗救助,大大减轻贫困农民的医疗负担。

(2)提高财政资金的使用效率。赣州市用财政资金为贫困农民购买商业补充医疗保险,借助保险的市场化运作和第三方管理,提高财政资金使用的科学性和精准性。

(3)减轻政府扶贫工作负担。将商业保险机制运用于公共服务领域,使政府从具体的繁杂性事务中抽身出来,专注于政策制定和业务监督,减轻政府管理压力,提升政府治理水平。

三、民生保险扶贫探索:重庆市模式和泗洪县模式

1. 重庆市"新 e 代精准脱贫保"模式

(1)重庆市简介

重庆市是一个典型的大城市、大农村、大库区、大山区,全市总面积 8.24 万平方公里,下辖 38 个行政区县。其中,有 14 个国家级贫困县、4 个市级贫困县,贫困县比例达 47.4%,脱贫任务艰巨。新一轮建档立卡的 48.2 万户、165.9 万人的农村扶贫对象中,因病因灾因意外致贫分别有 17.8 万户和 61.2 万人,占比分别为 36.93% 和 36.89%。

（2）主要做法

①根据致贫返贫原因设计"新e代精准脱贫保"。2013年9月，重庆市根据致贫返贫主要原因设计保险产品，开始农村扶贫小额保险试点。2017年，市扶贫办结合前期试点经验，以新一轮农村建档立卡贫困户为对象，开发以主要劳动力和未成年人为重点保障对象，包括意外身故和伤残、疾病身故、意外医疗费用、社保目录外住院费用以及贫困学生重大疾病五大保障责任的"新e代精准脱贫保"，对全市33个区县所有建卡贫困户实现意外风险、疾病风险责任全覆盖，对住院医疗费用采用"无纸化"主动理赔服务，完善城乡居民医疗保险、城乡居民大病保险、贫困户大病医疗补充保险、医疗救助等现有保障体系，为贫困群众筑起风险防火墙。

②保险费用、保障范围及赔付责任。参保费用为每人100元/年。参保对象为所有建档立卡贫困人口（含当年新识别进入的贫困人口）。小额意外保险中参保人员因意外伤害造成的死亡或残疾，给付保险金，最高5万元；意外伤害诊疗最高赔付5 000元；大病补充保险对参保人员因病住院发生的医保目录外自费医疗费用每人每年最高赔付15万元；疾病身故保险对参保人员因疾病身故给付1 000元的疾病身故保险金；贫困学生重大疾病保险对贫困户家庭中年龄在3～22岁（含）在校学生首次确诊患重大疾病的赔付1万元；农房保险对贫困户房屋遭受自然灾害（含地震）或意外事故损失赔偿1万～6万元。

（3）实施效果

截至2017年底，累计承保建档立卡贫困户341.42万人次，提供808.11亿元意外伤残、身故和医疗保险保障，累计处理赔案8 030件，支付赔款3 941.48万元。

2. 江苏泗洪县"扶贫 100"模式

（1）泗洪县简介

江苏省泗洪县全县共有人口 107 万人。"十三五"期间，对照省定人均年纯收入 6 000 元的新一轮扶贫标准，仍有约 4.02 万户、13.26 万低收入人口，省定经济薄弱村 35 个。这些贫困人群主要致贫原因有：因病占 50.54%、因残占 18.01%、因灾占 3.21%、因学占 4.92%。贫困家庭自身缺乏脱贫手段、脱贫途径，对子女就学、大病、自然灾害、人生意外事故等事件应对能力弱。

为加大对困难群体兜底保障力度，江苏省泗洪县立足实际出台《泗洪县低收入人口"扶贫 100"商业保险暂行办法》，决定为当地每一位贫困人口购买一份扶贫商业保险，有效保障贫困人口上得起学，看得起病，发生意外事故在短时间内生活得到保障。

（2）主要做法

①参保对象特定。参保对象是泗洪县"十三五"建档立卡低收入人口中所有扶贫开发人口和低保人口。

②保费来源独特。"扶贫 100"保费为 100 元，低收入人口 100% 全部参保但不缴纳保费。保费来源有三个渠道：第一，由县扶贫办、民政局、慈善总会为发起人，与阿里巴巴合作，借助互联网在支付宝平台单独设置"扶贫 100"公益在行动爱心捐赠栏目，通过支付宝扫描二维码，接受线上全国社会各界爱心人士的捐助；第二，大力倡导本县所有机关企事业单位开展线下募捐活动，为贫困人口筹集保费；第三，不足部分由县安排资金解决。

③风险保障全面。"扶贫 100"保险，在贫困人口享受基本医疗保障待遇、大病保险、医疗救助后，针对升学教育、初次确诊身患重大疾病、已患病人群自付医疗费用、意外伤害、伤残、身故、房

屋受损等情况，由人保财险另外给予补偿。保障范围包括：第一，高等教育补助金。对在普通高等院校就读的本科、专科低收入贫困户家庭子女给予扶贫助学资助。在江苏省、市属普通高校就读的，按省财政厅、教育厅、扶贫办《关于对建档立卡家庭经济困难学生加强教育资助工作的意见》，享受相应资助；在其他普通高校就读的，按学年给予资助，本科学年资助标准为5 000元/年/人，专科学年资助标准为3 000元/年/人。对当年高考被普通高等院校本、专科录取的，还要一次性资助，本科2 000元/人，专科1 000元/人。第二，疾病险给付。具体包括重大疾病首次诊断给付、补充医疗保险补偿、合规医疗费用补偿和非合规医疗费用补偿等。第三，意外伤害保险赔付。意外伤害医疗费用最高赔付限额每人2 000元；意外事故造成残疾的根据残疾等级确定，最高赔付限额每人20 000元；意外事故造成身故的一次性定额赔付每人10 000元。第四，家庭财产险赔付。房屋因火灾等自然灾害受损的，按实际损失程度赔付，每户不超过10 000元。

④坚持公益运营。赔付率低于91%的结余部分，滚动到下一个年度继续使用或退回县财政；赔付率高于91%的资金缺口由政府通过追加保费形式补足，确保长效运作。

⑤运营监管规范。对线上、线下募集资金进行单独核算、专款专用、及时公示，确保资金安全；由县扶贫办牵头、相关部门配合，加强对承办保险机构进行财政、审计和舆论监督。

四、保证保险扶贫探索：郧阳区"一张保单保全程"模式

1. 郧阳区简介

郧阳区，隶属于湖北省十堰市，辖16个镇，5个乡，1个林场和1

个经济开发区，共有贫困村 341 个，贫困人口 49 737 户，164 272 人，贫困发生率为 34.2%。

为了降低贫困户在产业发展和扶贫小额信贷中面临的自然灾害、市场波动等若干风险，降低银行发放扶贫小额信贷的风险顾虑，2017 年，郧阳区进一步完善政银保合作方式，测算全区贫困户发展种养脱贫产业所需扶贫小额信贷资金总量，与保险公司签订一张 2 亿元扶贫小额信贷综合性大保单，区政府按照实际贷款总额的 8% 向保险公司支付保费，实现"全区一单""多险同保""一张保单保全程"，有效解决"贫困户不敢贷，商业银行不愿贷"的扶贫小额信贷政策落地障碍。

2. 具体做法

郧阳区"一张保单"涵盖疾病补充医疗保险、种养产业保险、借款人意外保险、农产品价格指数保险、贷款信用保证保险五大险种，对贷款的综合保障能力达到 90%。

（1）疾病补充医疗保险。统筹 3 000 万元资金，为建档立卡贫困人口购买 200 元医疗保险，其中 100 元用于大病补充保险，100 元用于慢性病门诊定补。新政策实施后，建档立卡贫困人口大病患者费用核销比例提高到 90%；高血压Ⅲ期、冠心病等 31 种慢性病除城乡居民基本医疗保险门诊报销外，再报销 60%，定补报销达到 85%。

（2）种植养殖业保险。承保借款贫困户生产经营过程中因自然灾害、流行疫病以及病虫害造成的灾害风险。出现种植、养殖风险，保险公司为借款贫困户补偿，累计补偿最高不超过贷款金额。

（3）借款人意外保险。承保借款贫困户因意外伤害导致无力偿还贷款的风险。借款人遭遇意外死亡或一级伤残，保险公司给付贷款本金；借款人遭遇十级至二级伤残的，保险公司给付贷款本金的

10%~90%。

（4）种植养殖业价格指数保险。承保种植养殖产品在销售过程中因市场价格波动造成的亏损风险。借款人种植养殖产品的销售价格低于成本价格时，保险公司对差额进行补偿。

（5）贷款信用保证保险。承保贷款到期贫困户不能偿还贷款的信用风险。保险事故发生后，保险公司按未还贷款本金的70%赔偿承贷银行。

3. 实施效果

（1）增加扶贫小额信贷总量。郧阳区"一张保单"变事后"亡羊补牢"为事前"未雨绸缪"，充分发挥保险的经济补偿功能，将生产经营风险由农户承担变为保险公司承担，将信贷风险由银行"担大头"变为保险公司"担大头"。当贫困户在生产生活过程中遭受风险损失，保险公司及时给予赔付，保险赔款第一受益人是贷款银行，优先用于抵扣银行贷款，降低贷款风险；其次用于帮助贫困群众尽快恢复生产。

（2）优化保险服务质量。郧阳区扶贫小额信贷综合保险项目服务工作点多、面广、量大，区政府与保险公司探索构建大保险服务工作体系，确保快赔优赔。一是建立基层服务网络，共建综治网格员队伍、保险协保协勘员队伍，共同承担贷前、贷中、贷后的村级基础服务工作，打通服务"最后一公里"，做到小事故不出村、大事故不出镇。二是建立分级快赔制度，实行"小案快赔""现场决赔"，对单笔赔付2 000元以下的保险案件实行现场决赔；对单笔赔付2 000元以上、5 000元以下的保险案件，三个工作日内赔付到位；对单笔赔付在5 000元以上的，五个工作日内赔付到位。三是建立责任追究制度，实行理赔动态核查和理赔责任追究，确保理赔服务依法合规。

五、保险投资扶贫探索：支农融资和产业扶贫投资基金

1. 人保集团支农支小融资业务

2015年12月，中国保监会批准中国人保集团开展保险资金"支农支小"试点业务（以下简称"支农融资业务"），试点规模50亿元，在贫困地区开展"农业保险＋扶贫小额信贷保证保险＋保险资金支农融资"试点。

（1）主要做法

①按照"政府增信担保，政保合作共管"的原则运作。人保财险公司为农户提供支农保险产品和信用保证保险，利用人保财险的机构网络、农险和信用险团队，负责支农融资全流程工作，建立财险总公司和省公司两级决策机制。人保资本公司负责设计发行"支农融资专属资管产品"募集资金；依托托管银行、银联等结算渠道办理资金支付和结算，确保资金可以实时到账和回收。项目按照"政府增信担保，政保合作共管"的原则，充分发挥政府财政资金杠杆和引导作用，发挥中国人民保险公司保险资金优势，实现"见保即贷、保贷联动"，开辟保险资金支农融资的新渠道。例如，阜平"政融保"项目支持农户发展规模种植、养殖等生产经营活动，实现脱贫致富。农户提交申请，经政府增信担保机构联合调查和中国人民保险公司审查后，即可签订融资合同立即放款；农户、涉农企业或合作社根据需求，可获得10万~1 000万元的融资支持；融资期限为6个月至2年，期限内随用随贷，最长可达3年；融资减少中间环节，保险资金直达农户，提高了融资效率。

②融资成本较低。支农融资产品定价主要考虑资金成本、管理

成本和风险三方面因素。融资成本（利率）与平均借款额成反比，平均融资额越小，融资成本（利率）越高。中国人保集团借助人保财险的机构网络，降低运营管理成本，使包含信用保证险费率的支农融资产品的融资成本可以控制在8%~10%。

③采取有效的风险控制措施。支农融资业务设计两种风险控制保障模式：一是保险产品保障模式，二是保险产品+政府担保机构或专业担保机构保障模式。无论采用哪种模式，借款人均需投保农业保险、人身意外险等保险，通过保险产品覆盖融资业务的大部分风险。

（2）实施效果

截至2016年末，中国人保支农融资产品已提供资金33.7亿元，服务"三农"和小微企业客户5.6万户，覆盖全国27个省（市、区），平均单笔融资规模6.3万元，体现出普惠金融小额分散的特点。2017年4月，中国保监会批复同意人保集团在试点初期50亿元的基础上再增加200亿元，支农融资总规模达到250亿元。

2. 保险业产业扶贫投资基金

（1）主要做法

2016年8月24日，中国保监会在北京召开中国保险业产业扶贫投资基金成立大会，探索通过"农业保险+信用保证保险+保险资金投融资"的模式，打通保险资产端和负债端，综合发挥保险各领域优势，健全保险扶贫工作链条。

保险业产业扶贫投资基金类型为契约型，由中保投资有限责任公司作为管理人，本着自愿原则面向保险行业募集。成立大会上，基金管理人中保投与26家开展农业保险和涉农业务的保险公司、22家保险资产公司分别签署《中国保险业"助推脱贫攻坚"投资与保险联动项目合作协议》《中国保险资管业"助推脱贫攻坚"投资项目合作协议》。建立各方共同参与的定期沟通、业务交流、联合投资等机制,以期发挥产业扶贫投资基金、扶贫保险产品和服务的协同作用,打造从风险保障、信用增信到保险资金直接投资的保险扶贫全链条。保险公司将通过"投保联动"模式,在直接投资贫困地区特色产业的同时,配套跟进农业保险、大病保险、小额贷款保证保险等产品,提高贫困群体风险抵御能力,培育具有市场意识和风险意识的现代农民,探索短期脱贫目标和长期可持续增收致富相结合的有效路径。

(2)实施效果

保险业产业扶贫投资基金总规模大约100亿元,第一期发行10亿元,3天内募资完毕,共有45家保险机构参与认购。基金按照中央要求,发挥保险资金长期投资的独特优势,重点投向连片特困地区、革命老区、民族地区、边疆地区的特色资源开发、产业园区建设和新型城镇化发展等领域,并带动其他社会资金流入,促进贫困地区经济发展和产业脱贫。

2017年1月,保险业产业扶贫投资基金首个项目落地国家级贫困县河北省阜平县,为产业扶贫龙头项目香菇种植提供5 000万元的投资。项目以一年期2%的低利率投入5 000万元到阜平县老乡菇公司,资金专项用于食用菌产业大棚建设,大棚建好以后通过租赁、入股、务工等形式精准对接农户,满足不同层次和能力农户的经营需求。资金以股权投资方式直接增资老乡菇公司,不仅有利于企业提升信用和运用杠杆扩大资金规模,也改善单个农户扩大生产面临的贷款难、贷款贵的困境,从而带动农户发展生产增收脱贫,发挥产业扶贫的"造血"功能,还有利于解决普通产业发展项目益贫性不足、精准度不够的问题。

借助金融杠杆，该专项资金可以帮助阜平县建设约1 500个大棚，覆盖带动至少约1 500户贫困户，通过直接参与生产和入股分红等形式，户均增收可达到2万元。

六、保险防贫探索：河北魏县"防贫保"模式

2017年，河北省魏县围绕"在消除贫困存量的同时，如何有效控制贫困增量"问题，与太平洋财险公司联合开启"为何防、为谁防、防什么、谁来防"的保险防贫探索。"防贫保"实质是社会保险，它是在消除贫困存量的基础上，通过政府出资设立保险资金池、购买保险服务，向相对贫困的致贫返贫高风险人群提供保险保障，防止其陷入贫困陷阱，从而精准防控贫困增量的一种保险扶贫实践，是建立稳定防贫长效机制的有益探索。

1. 主要做法

（1）瞄准致贫返贫主因，解决"为何防"的问题

习近平总书记强调"防止返贫和继续攻坚同样重要，已经摘帽的贫困县、贫困村、贫困户，要继续巩固增强'造血'功能，建立健全稳定脱贫长效机制"。在脱贫攻坚战中，魏县紧紧围绕全面小康路上一个都不能少的目标，着眼因病、因学、因灾、因意外等致贫返贫主要原因，按照"缺什么补什么"的原则，进一步丰富完善脱贫攻坚举措，针对易致贫返贫对象精准设计保障内容，开展"防贫保"试点，防止已脱贫但收入不稳定、持续增收能力不强的脱贫户返贫，不在建档立卡范围内、但贫困发生风险较高的农户致贫，有效控制贫困增量，全面巩固脱贫攻坚成果。

（2）合理锁定防贫对象，解决"为谁防"的问题

精准防贫，锁定对象是基础。魏县客观分析历年致贫返贫数据，

框定重点对象，划线确定范围，及时监测救助。一是明确对象。魏县在脱贫攻坚实践中发现两类人群容易形成"贫困增量"，一类是已经达到脱贫标准，但收入不稳定的脱贫户；另一类是处于贫困边缘的非贫困户。二是框定重点。"防贫保"关注的不是具体个体，而是收入不稳定的脱贫户和处于贫困边缘的非贫困户等两类致贫返贫高风险人群。三是确定范围。魏县组织扶贫、教育、人社、民政、公安、交通等部门，对近三年全县农村人口在医疗、就学、灾情等方面的有关费用和具体案例，进行"大数据"分析，将国家现行农村扶贫标准的1.5倍设定为防贫预警监测线。收入低于"防贫预警线"的两类人群全部纳入防贫范围，总数约占全县农村人口的10%。四是监测救助。当纳入防贫范围的具体个体，因病、因学、因灾，导致花费大，可能致贫返贫时，相关部门按程序确认，及时进行救助，防止其陷入贫困。同时，为进一步完善临贫监测体系，魏县在建立常态化监测机制的基础上，着力增强防贫对象"造血"功能，为防贫对象量身定制产业扶持、就业扶持、兜底保障等帮扶措施，提高防贫实效。

（3）科学设计防贫方案，解决"防什么"的问题

"防贫保"是针对两类高风险人群因病、因学、因灾致贫返贫风险进行救助，救助方式是对其因病致贫的医疗费部分，因学致贫的学费、住宿费、教科书费部分，因灾致贫的家庭财产损失部分或因交通事故等意外导致的长期治疗所花费医疗费用超限额部分，分段按比例救助。主要有三类防线：一是因病防贫线。属于收入不稳定脱贫户的，以自付费用0.5万元起作为预警监测线，超出此线，纳入监测序列，经第三方勘察，可能返贫的，分设0.5万元以下、0.5万~1.5万元、1.5万~3.5万元、3.5万元以上四个区间，分别

按 30%、50%、70%、90% 阶梯式比例，发放防贫保险金；属于贫困边缘非贫困户的，以自付医疗费用 2 万元设置预警线，超出预警线且经查勘认定符合条件的，全额按照阶梯式比例发放，分 2 万元以下、2 万~7 万元、7 万~12 万元、12 万元以上四个区间，采用同样比例发放防贫保险金。二是因学防贫线。两类人群子女注册正式学籍、在接受义务教育之外全日制学历教育（包括顶岗实习，不含高择校费）期间，以年支付学费、住宿费、教科书费合计 0.8 万元为防贫救助预警监测线，超出此线部分，分设 0.3 万元以下、0.3 万~0.5 万元、0.5 万元及以上三个区间，按 100%、80%、60% 发放防贫保险金。三是因灾防贫线。意外灾害有火灾、风灾、雨灾等自然灾害和交通事故等多种情况，交通事故由县交警部门监测上报，自然灾害类由县乡民政部门监测上报，及时纳入核查对象。自然灾害类扣除 1 万元起付线后，分设 1 万元以下、1 万~3 万元、3 万元以上三个区间，按 40%、60%、80% 比例发放防贫保险金，最高不超过 3 万元。交通事故类经司法等程序未得到相应赔偿或虽得到赔偿但损失仍然过重的，分类实施防贫救助，财产损失过重的参照自然灾害防贫办法发放防贫救助金，医疗费用过高的参照因病防贫办法发放防贫救助金。

（4）明确各方防贫职责，解决"谁来防"的问题

消除贫困，改善民生是政府义不容辞的责任。魏县通过政府主导，社会参与，联防联控，共同做好防贫工作。政府成立精准防贫领导小组，负责筹集资金设立"防贫保险基金"，按照农村人口总数的 10% 设立资金池，每人每年按 50 元的标准，每年资金规模约 500 万元，制定防贫补助政策，提供有关信息，并监督政策落实。有关部门按照领导小组分工，具体负责信息收集、情况交办、组织评议、

结果公示、审批备案等具体工作。保险公司根据政府需求制定保险方案,提供不以营利为目的的经办服务,具体负责保险事项的调查核实、资金发放等两项具体工作职责。

2. 实施效果

"防贫保"的实质是针对高致贫返贫风险,提前建立"防贫堵贫"机制,其治理贫困的思路,从根本上讲是变被动"治已贫"为主动"治未贫",在巩固脱贫成果,减少贫困增量,促进社会公平,降低扶贫成本方面发挥了积极作用。截至2019年6月底,河北省印发《关于建立精准防贫机制的指导意见》以来,已有123个县开展了"防贫保",涉及3家保险公司,累计注入资金池2.49亿元,共覆盖4 529.16万人,累计救助1.06万人,共发放理赔救助金5 600万元。

(1) 在防贫对象上,"防贫保"将"群体共享"与"定人定量"结合起来,扩大保障范围

过去的保险扶贫,确定保险对象范围是"事先确定",直接定人定量,这样不仅每年都要对保险对象进行调查,行政成本很高,而且保障对象有限,不在保障名单之内就无法享受保险保障。"防贫保"按农村人口总数的10%筹措资金设立资金池,事先不确定具体的保障对象;当出现保险补偿事由时,先由大数据筛查或由符合条件的农户自行申报,再由专业机构入户核查,有关部门批准后实现"定人定量"。这种"事后审定"的办法,让农村人口均可享受保障,不仅降低了行政成本,而且扩大了保障范围。2017年魏县"防贫保"全面实施以来,一是减少了政府投入。政府由传统的每年为10万人购买保险,两年半需支付保险费1 250万元,变成了实际支付1 192.6万元(支付致贫返贫895人的补偿金1 037万元和支付保险公司15%

的服务费155.6万元），直接减少了政府投入57.4万元；两年半阻止返贫895人，按人均再次脱贫需投入2万元计，节省了致贫返贫后再次帮扶成本1790万元。二是扩大了防贫致贫保障面。过去花费1250万元，仅能为10万人提供两年半低额度的因病、因学、因灾保障，现在花费1192.6万元，实际能为80万农业人口提供较为充足的因病、因学、因灾返贫风险保障。

（2）在减贫方法上，"防贫保"将"控制增量"与"减少存量"结合起来，提高减贫实效

脱贫攻坚主要任务是减贫，聚焦的是贫困人口。"防贫保"主要目的是提升脱贫质量，巩固脱贫成果，聚焦的是临贫易贫人群。在实践中，魏县"防贫保"是在抓好减贫任务的同时，引入保险机制，运用保险办法，"防贫未然"，是将"控制贫困增量"与"减少贫困存量"结合起来，将"精准防贫"与"精准治贫"结合起来，既减少了新增贫困人口，又减少了返贫人口，提高了减贫实效：一是通过引入"防贫保"提前干预，将处在贫困线边缘、存在致贫返贫风险的"两类人群"，纳入保险保障范围，将他们排除在贫困序列之外，有效减少了新增贫困人口。魏县开展"防贫保"以来，全县脱贫户没有一户返贫、非贫户没有一户致贫。2018年以来，通过监测和救助有895人被拦在贫困线以外。二是"防贫保"将"贫困边缘的非贫困户"纳入了防贫对象，使其享受保险扶贫政策，缩小了非贫困户与贫困户的政策差距，减轻了悬崖效应，促进了社会公平。三是"防贫保"将"收入不稳定的脱贫户"纳入了防贫对象，落实了"脱贫不脱政策"的要求，使其脱贫后仍有保障，巩固了脱贫成效。

（3）在防贫手段上，"防贫保"将"政府手段"与"市场手段"

结合起来，提高工作效率

过去，无论是行业扶贫、定点扶贫、社会扶贫、驻村帮扶，还是一些省市的保险扶贫探索，都是政府唱主角，行政手段发挥主要作用。"防贫保"是将市场无形之手与政府有形之手握在了一起，共同发挥作用。一方面，"防贫保"通过制度创新，政府继续承担出台政策、筹措资金、审核批准等职责；保险公司按照政府要求，阳光化操作，专业化服务，特别是在保险事项入户调查核实方面，保险公司组织专业人员入户调查，减轻了县乡村干部的工作压力，不仅提高了政府的工作效率，而且提升了社会治理水平。另一方面，过去政府为贫困户购买保险，是买一年，保一年，费用年年出，成本开支大。"防贫保"通过机制创新，采用基金管理方式运作项目，政府出资并制定防贫补助政策，保险公司根据政府需求制定保险方案，收取服务费，提供理赔服务，少花钱多办事，事半功倍。

（4）在防贫投入上，"防贫保"将"购买服务"与"严格奖惩"结合起来，发挥资金效益

政府出资设立资金池，资金一方面用于发放防贫保险救助金，另一方面按照发放保险金额15%的标准向保险公司支付服务费。资金池资金实行"多退少补"，动态调整，上年有余，结转下年；如有不足，由政府注资补足。政府对保险公司实行激励约束机制，理赔事项出现1户错发漏发的，政府扣罚服务费的0.1%，督促保险公司履职尽责；1户不错不漏的，政府奖励服务费的5%，调动保险公司积极性。同时，增加了致贫返贫对象的收益。魏县2017年防贫保险基金实际发放306.7万元，惠及384户，户均补助7 986.68元；2018年防贫保险基金实际支付645.86万元，惠及462户，户均补助13 979.75元。

（5）在防贫路径上，"防贫保"将"开发式扶贫"与"保障式扶贫"结合起来，提高扶贫实效

以往的保险扶贫，通常重视发挥保险的保障作用，属"输血式"扶贫，对"造血"功能重视不够，这也符合保险"保证不变穷，不保证变富"的功能定位。"防贫保"将"开发式扶贫"与"保障式扶贫"相结合，既"输血"，又"造血"，在给予必要经济补偿的同时，做到"扶上马送一程"。在"输血"方面，"防贫保"运用大数据监测、农户自行申报和县乡村网格化"月排查"，多条腿走路，及时发现、救助防贫对象，防止其因保障不到位进入贫困序列。在"造血"方面，对有创业或发展产业愿望的防贫对象，用"扶贫小额信贷"或"无息创业助业金"支持其发展致富产业。对有就业意愿的防贫对象，免费提供培训，通过劳务输出等方式介绍就业。对弱劳力家庭，安排担任治安员、民调员、保洁员等公益岗位；对无劳力家庭，重点采取政策兜底进行保障。

（6）在未来的扶贫上，"防贫保"为2020年后继续解决贫困问题提供了借鉴

目前，我国脱贫工作面临着一边不遗余力地脱贫、一边存在返贫情况的"沙漏式"扶贫难题。从近期看，脱贫攻坚战2020年即将收官，贫困人口存量已经大幅减少。"防贫保"为防止贫困人口边"减"边"增"、边"脱"边"返"，巩固脱贫成果提供了有效路径。从远期看，"防贫保"在2020年后可作为日常性帮扶措施。习近平总书记指出："2020年全面建成小康社会之后，我们将消除绝对贫困，但相对贫困仍将长期存在。到那时，现在针对绝对贫困的脱贫攻坚举措要逐步调整为针对相对贫困的日常性帮扶措施。"脱贫攻坚战转入持久战后，实施积极的防御型战略，通过保险兜住群众面临

的风险,是保证群众不因灾、因学、因病致贫返贫的重要措施。

第三节 证券业特惠金融实践探索

一、贫困地区"IPO 绿色通道"

2016 年 9 月 8 日,中国证监会发布《关于发挥资本市场作用服务国家脱贫攻坚战略的意见》,提出"支持贫困地区企业利用多层次资本市场融资"的贫困地区"IPO 绿色通道"。

中国证监会以资本市场服务产业扶贫为重点,优先支持贫困地区企业利用资本市场资源,拓宽直接融资渠道,提高融资效率,降低融资成本,不断增强贫困地区的自我发展能力。

截至 2019 年 5 月,共有 13 家企业通过绿色通道发行上市,募集资金 69 亿元;有 66 家拟上市企业正在筹备上市,98 家公司在新三板挂牌。13 家上市公司分别是华林证券、华宝股份、万兴科技、新疆火炬、盘龙药业、庄园牧场、森霸股份、卫信康、嘉泽新能、集友股份、易明医药和高争民爆等。

二、发行扶贫债券

1. 主要做法

中国证监会于 2016 年 9 月发布的《关于发挥资本市场作用服务国家脱贫攻坚战略的意见》提出,对注册地和主要生产经营地均在贫困地区且开展生产经营满三年、缴纳所得税满三年的企业,或者注册地在贫困地区、最近一年在贫困地区缴纳所得税不低于 2 000 万元且承诺上市后三年内不变更注册地的企业,发行公司债、资产支持证券的,实行"专人对接、专项审核",适用"即报即审"政策。

2018年5月,上交所和深交所分别就扶贫专项公司债券融资实务推出了监管问答,正式明确了该创新品种的发行人注册地、募投项目、募集资金。使用与管理、信息披露等发行审批要点,并推出了"专人对接,加强宣传""专人专审,即报即审"的绿色通道制度,以进一步提高扶贫债的审核效率。

2. 实施效果

扶贫债券的参与主体主要有地方政府、政策性银行和企业主体,发行主体仍然是地方政府和政策性银行。2016—2018年10月,全国各地地方政府共发行扶贫债券351只,发行规模达23 554.30亿元;政策性银行共发行扶贫债券178只,发行规模达9 297.46亿元。地方政府和政策性银行的发行规模占到所有扶贫债券的90%以上。

就企业主体来看,主要有两类:一是指注册地在贫困地区(包括国家级贫困县、连片特困地区和"深度贫困地区")的企业发行的专项债券,二是发行人注册地不在贫困地区,但募集资金主要用于精准扶贫项目建设、运营、收购或者偿还精准扶贫项目贷款的债券。

三、"金融扶贫板":河北案例

河北省扶贫办积极开展资本市场扶贫工作,与石家庄股权交易所共建全国首个"金融扶贫板",研究设立扶贫股份,增加贫困户的资产性收益,打造资本市场扶贫新平台、新机制,将资本市场"活水"引入贫困地区。

"金融扶贫板"面向贫困县扶贫企业,利用石家庄股权交易所资本市场平台优势,实行"专人对接、专项审核、即报即审、审过即挂",为贫困地区扶贫企业开展金融创新、企业培训、规范培育、融资路演、宣传展示、转板上市等方面的金融服务。

"金融扶贫板"挂牌费用由 50 万元减半征收，积极落实省（省政府奖励 30 万元）、市、县三级政府关于企业挂牌上市的财政奖励政策，实现扶贫企业零成本挂牌。同时，扶贫办积极与金融办、农业厅等部门对接，引导扶持政策、支持资金等资源要素向"金融扶贫板"聚焦，并与投资机构和金融机构展开合作，创新金融产品，积极为挂牌企业提供融资服务。

1. 主要做法

（1）规范扶贫企业治理

在推动贫困地区扶贫企业挂牌上市的过程中，会计师事务所、律师事务所等专业服务机构对有意愿进入资本市场的企业进行规范和辅导，将扶贫企业改造成为治理结构健全、财务管理规范的现代化企业，为企业后续发展注入更强大的动力。同时，积极引入证券公司、基金公司、银行等专业机构参与进来，利用专业机构技术、人才等优势，规范企业运行，为其量身打造挂牌上市方案，加快扶贫企业场内挂牌上市进程。

（2）帮助扶贫企业融资

充分利用挂牌企业的股权价值，通过直接融资和间接融资相结合的方式解决扶贫企业的融资难题，包括股权挂牌转让、股权质押融资、发行可转换债券及定向增发等方式为企业提供融资服务，缓解企业融资难题。

（3）开展扶贫企业培训

为提升贫困地区企业人力资本存量，提高扶贫企业核心竞争力，河北省扶贫办积极开展资本市场、股权设置、融资业务、企业管理等方面的主题培训，将实用、先进的企业管理理念带到贫困地区企业中，为贫困地区企业发展提供智力支持，变革保守意识。通过培训，扶贫企业能深入认识资本市场运行规律和方法，强化内部控制，不断规范管理，推动扶贫企业进入更高层次资本市场。

(4) 开展扶贫企业融资路演

为引导投资机构关注、投资河北省贫困地区企业，河北省扶贫办积极与证券公司、银行、信托公司、基金公司、租赁公司等金融机构开展合作，为挂牌企业提供融资路演服务。与深圳证券交易所开展科技路演合作，将深圳证券交易所的"常态化路演"平台引入"金融扶贫板"，在更大的平台上帮助贫困地区企业对接全国投资机构和社会资本。

(5) 推动扶贫企业股权登记托管

河北省扶贫办指导石家庄股权交易所为非上市股份有限公司进行股权集中登记托管，积极推动以扶贫企业股权价值为核心的定向增发、股权转让、股权质押等衍生服务。围绕贫困地区企业股权开展定向增发融资服务，破解贫困地区企业融资难问题。贫困地区企业挂牌后，股权获得市场化的定价并成为一项金融资产，股权质押融资模式在一定程度上缓解企业缺乏抵押物的困境。

(6) 研究设立扶贫股份

企业要上市，首先要改制。股份合作制经济组织，兼有股份制和合作制两种经济形态，是贫困户在合作制基础上将土地、资金、劳动力等资源资产资金折价入股，依法自愿组织起来，并采取股权设置、组织管理的一种新型经济实体。实行按股分配和按劳分配相结合，是盈利与互助相互兼顾、市场主体和贫困户互利共赢的有效形式，是通过特惠金融发展扶贫产业、壮大农村集体经济和增加贫困户资产收益的重要途径。先后制定《河北省建立农村股份合作资金风险防控机制实施意见》《关于推进财政支农资金支持资产收益扶贫健康发展的实施意见》《河北省贫困户入股分红资金风险防控指导意见》等，围绕建档立卡贫困户"谁来带动、如何参与、金融支持、收益分配"，推动农村集体产权制度改革，建立贫困户与企业利益联结共享机制。按照《公司法》关于股东设置的有关规定，采取"企业＋合作社＋贫困户"的形式，企业带合作社、合作社带贫困户，优先贫困户入合作社、合作社参股企业。通过明晰政府主导权、企业经营权、合作社监督权、贫困户收益权，建立归属清晰、权责明确、保护严格、流转顺畅的现代农业产权制度，实现资本与劳动的联合，构建资本市场扶贫的运行机制。

一是政府推动。利用国定贫困县资本市场扶贫"绿色通道"政策，加大招商引资、引技和引智力度。河北省扶贫办出台《关于完善扶贫龙头企业认定和管理的实施办法》，按照现代企业制度、带贫益贫、防范风险的原则，认定428家省级扶贫龙头企业，并每年进行动态调整。

二是设扶贫股。将财政涉农资金进行整合，下放到村主导的贫困户合作社，作为合作社发展的股本金。扶贫资金按每户应得资金折股量化，形成股权向每个贫困户分配，由资金到户改为资本到户、权益到人。

三是合作社参股。涉农整合资金作为村集体股份，扶贫资金为贫困户股份，以村合作社为单位，将本社的股本金投放到龙头企业。参与股份合作经营的各方必须签订《资产收益扶贫股份合作协议书》，合作社股份作为优先股，龙头企业利用自有资产对合作社的资产实施反担保。

四是企业经营。在生产方式上，实行统分结合，充分发挥两个积极性。统一流转土地，统一建设基础设施，统一传授技术、统一贷款、统一品牌标准、统一价格回收，包产到户、分户经营，贫困户参与其中。在销售模式上，发展"订单"农业，将农业一元化生产变为二元化生产。由电商平台充当销售科，股份合作制企业变成生产车间。在技术支撑上，聘请高校专业技术人员，建立农产品研发中心。

五是分享红利。合作社的扶贫股份收益率一般为10%，按期保底分红。优先流转贫困户土地，优先安排贫困户就业，贫困户"分股金、赚租金、挣薪金"，实现投资"零成本"、经营"零风险"、就业"零距离"。截至2018年12月，河北省扶贫股份合作制经济组织已发展到9 529家，产业扶贫项目贫困户覆盖率达到93%以上。

2. 实施效果

"金融扶贫板"开立以来，河北省积极利用这一金融创新平台，以服务贫困地区企业发展为宗旨，注重通过资本市场平台培育扶贫企业，带动贫困户增收脱贫，通过发挥资本市场作用带动贫困地区市场主体发展壮大，促进贫困地区经济实现稳定发展。2016年，河北省评定出428家省级扶贫企业，并通过"金融扶贫板"，对有意愿进入资本市场的扶贫企业进行了融资、规范、培育、融资路演等方面的指导与培训。为扶贫企业提供股权质押、"上市贷"（免抵押、免担保、年利率6%左右）等融资服务，提高企业融资效率、降低融资成本。目前，已有30多个贫困县的119家企业挂牌融资，其中，28家企业已实现在"新三板"上市，直接或间接带动5万多贫困户脱贫。

（1）资本市场孵化阜平县扶贫企业实现突破

以支持阜平县创建金融扶贫示范县为契机，借助"金融扶贫板",引导阜平县当地扶贫企业挂牌,并积极对接其他优秀挂牌企业在阜平开展投资合作。通过一年多的探索,阜平县已有3家企业挂牌,企业治理结构和企业运营更加规范,收入和利润获得快速增长。这3家企业通过股权质押和公司资产担保的方式分别获得300万~500万元的融资。同时,与省科技投资集团、阜平县政府合作,共同设立规模为2 500万元的产业引导基金,扶持当地挂牌企业及特色产业的发展。保定市阜彩蔬菜种植股份有限公司挂牌后,股权价值得到充分体现,在没有土地厂房等抵押物的情况下,银行同意以股权质押的方式向该企业贷款500万元,解决企业的资金问题。此外,通过宣传展示,该企业品牌知名度进一步提高,目前已与北京物美、华联两家大型超市开展蔬菜供应合作。

(2) 挂牌扶贫企业反哺当地经济效应显现

滦平县兴春和农业股份有限公司挂牌后,经过规范培育,企业整体实力显著提升,现正在申报国家一、二、三产业融合发展试点。企业通过承德市政府产业基金获得6 500万元低息信用贷款,并获得银行增信950万元。滦平县依托该企业,创新构建"兴春和扶贫模式",即"园区+扶贫",贫困户通过流转土地得"租金"、务工就业挣"薪金"、股份合作分"股金",帮助贫困群众找到脱贫路径,显现企业挂牌对当地经济发展的反哺效应。

四、证券公司"一司一县""一县一企"结对帮扶

1. 主要做法

为引导证券公司积极参与国家脱贫攻坚战略,2016年8月,中国证券业协会发布《助力脱贫攻坚 履行社会责任——证券公司"一司一县"结对帮扶贫困县行动倡议书》,号召每家证券公司至少

结对帮扶一个国家级贫困县,通过组建金融扶贫工作站、管理人员挂职等方式与当地政府建立长效帮扶机制,发挥专业优势帮助县域内企业规范公司治理,以产业扶贫为主导,提高贫困地区利用资本市场促进经济发展的能力;结合实际,采取多种措施,帮助解决当地贫困户就业就学就医等实际困难。

2017年9月,中国证券业协会发布《推动"一县一企"深化精准扶贫——证券公司服务脱贫攻坚再行动倡议书》,号召证券公司发挥金融资金的引导和协同作用,因地制宜,因企施策,通过引进产业投资,设立产业扶贫基金、并购重组等方式,至少帮助结对帮扶贫困县内一家企业规范公司治理,改善融资状况,以培育发展特色富民产业和增加贫困户收入为重点,以增强企业带动贫困户增收能力和贫困地区内在发展动力为目标,通过产业发展带动区域性脱贫。

2. 实施效果

截至2018年10月底,已有98家证券公司结对帮扶251个国家级贫困县,宁夏、江西实现"一司一县"帮扶全覆盖。不少证券公司还主动结对帮扶西藏、新疆、内蒙古等边疆省份和少数民族地区。证券公司因"县"制宜,通过派驻挂职干部、建立金融扶贫工作站、成立扶贫工作领导小组等方式,建立长效帮扶工作机制,在支持贫困地区融资、产业扶贫、公益扶贫、智力扶贫等各方面都取得了明显成效。

五、期货行业:"保险+期货"等多种方式

1. 主要做法

2017年3月,中国期货业协会为深入贯彻《中共中央 国务院关于打赢脱贫攻坚战的决定》和中央扶贫开发工作会议精神,细化

落实中国证监会关于资本市场服务脱贫攻坚的战略部署,充分发挥期货市场服务国家脱贫攻坚战略的作用,制定了《关于期货行业履行脱贫攻坚社会责任的意见》(以下简称《意见》)。该《意见》提出,充分发挥行业特有的风险管理专长,切实将扶贫工作与服务实体经济发展这一行业根本宗旨有效结合,形成期货行业扶贫特色,积极探索期货行业扶贫工作长效机制。创新行业扶贫工作方法,丰富扶贫工作内容,多管齐下,多措并举,推动"精准脱贫"取得实效。

作为期货行业开展专业扶贫的重要抓手之一,"保险+期货"已经成为多家公司积极尝试的模式。在"保险+期货"模式中,期货市场为保险公司的价格保险产品发挥价格发现和风险管理功能。以上海期货交易所连续开展两年的天然橡胶"保险+期货"精准扶贫试点项目为例,上海期货交易所将保险公司和期货公司聚拢到一个合作平台上,保险公司向胶农出具天然橡胶价格保险保单,再用保费向期货公司买入场外看跌期权,最后由期货公司通过期货市场进行对冲。

截至2018年11月底,大连商品交易所、上海期货交易所和郑州商品交易所等机构,在天然橡胶、玉米、大豆、棉花、白糖、苹果等期货品种上试点"保险+期货"模式。

2. 实施效果

截至2018年9月底,期货行业共有87家期货经营机构与98个国家级贫困县(乡、村)签署了135份结对帮扶协议,通过"保险+期货"模式、场外期权等专业扶贫方式和传统公益方式开展扶贫工作,累计投入金额超过1.1亿元。期货行业经营机构通过"保险+期货"模式为贫困地区的35 776吨橡胶、652 844吨玉米、

61 843 吨大豆、15 455 吨棉花、4 411 吨鸡蛋、3 000 吨甘蔗、39 000 吨白糖、372 吨苹果、200 吨豆粕提供保障，承保货值 239 905.44 万元；为贫困地区实体机构或个人提供合作套保、点价、场外期权等服务方案共计 61 个，名义本金 22 524.81 万元，初步计算贫困地区实体机构或个人获益约 286.86 万元；帮助 7 家贫困地区企业成为期货交易所交割仓库；累计举办专业培训 263 场，参加培训人员近 9 000 人次；帮助设立网店、电商、网站等共 19 个，签署 81 个购销合同，商品价值共计约 1 147.70 万元。[①]

六、扶贫公益股：湖北郧阳案例

扶贫公益股是湖北郧阳区首创的精准扶贫与资本市场有机结合的新做法，是资本市场扶贫乃至金融扶贫领域的一个重大制度创新。

在国务院扶贫办和证监会的支持下，郧阳区成立由国有投资公司昌欣生态修复公司发起、两家民营公司控股的扶贫产业投资基金，这只基金出资 3 500 万元获得湖北万润 1% 的股权，设立国内第一只扶贫公益股。

郧阳区扶贫公益股及增值收益在 2020 年前全部由该区建档立卡贫困户共同享有，2020 年后由全区困难户享有。增值收益一部分投入政府投资平台，用于脱贫产业发展、扶贫小额信贷风险补偿、保险扶贫、教育扶贫等，另一部分拟对上市优质企业进行股权投资，滚动发展。基金收入在扣除合伙企业运营费用和成本后，剩余资金自动滚存，继续投资扶贫产业项目，不向合伙人分配。

---

① 杨毅. 以专业特色为依托 期货行业多方位践行精准扶贫［N］. 金融时报，2018-10-20.

第四节　地方政府特惠金融实践探索

一、"特惠金融+产业扶贫"探索：阜平县"33643"模式

河北省阜平县探索出"特惠金融+产业扶贫"的股份合作制"33643"模式，即把股份合作制作为切入点，以扶贫供给侧结构性改革为发力点，围绕贫困户"谁来带动、如何参与、金融支持、收益分配"等环节，推进资本联合与劳动联合。

1. 股份合作制的扶贫优势

股份合作制经济组织，兼有股份制和合作制两种经济形态特点，是农民在合作制基础上，将土地、资金、技术、劳动力等资产资源折价入股，依法自愿组织起来，并采取股权设置、组织管理的一种新型经济实体，是经济新常态下，"特惠金融+产业扶贫"探索的新模式，其出发点既要体现市场条件下的竞争性，又要把广大贫困群众组织起来，走合作化的道路。通过龙头企业的带动，解决单一贫困户无法面对市场风险的问题。根据《公司法》有限公司股东不超过50个、股份公司股东不超过200个的规定，贫困户不能人人都当股东，采取龙头企业带合作社、合作社带贫困户，优先贫困户入合作社、合作社参股龙头企业方式，以产业链为基础，建立贫困户与龙头企业利益链接共享机制，让贫困户成为间接股东。

2. "33643"模式的主要做法

（1）"3"：土地"三权分置"，盘活存量，调优增量

阜平县在农村集体土地所有权、承包权、经营权确权的基础上，一是建立农村产权交易中心，盘活土地存量。坚持依法自愿有偿、

经营规模适度，用市场的办法形成土地报价定价机制，促进贫困地区土地经营权、宅基地、贫困村集体产权等有序流转。阜平县政府依据自然环境、农业基础设施建设、耕种制度等制定土地等级标准，依此确定土地租金指导价格。农村产权交易中心与银行、保险等金融机构合作，建立土地流转融资机制和保证保险，搞好土地储备。二是用增减挂钩和占补平衡政策，调优土地增量。在全省范围内交易土地指标，发挥土地级差收益作用。全县164个贫困村，其中30%的"空心村"和130个自然村易地整体搬迁，腾出的农村建设用地除自用外，节余土地2万亩，全县52万亩荒山荒坡通过整理后，预计新增土地将达到10万亩。土地指标交易价格按每亩30万元计算，县财政可增加上百亿元收入。目前项目区人均增加3亩耕地，森林覆盖率提高5.3个百分点，农户与企业按5:5分成，人均增收2万元。

(2) "3"："三生"同步，"三区"同建

一方面，利用天生桥景区得天独厚的自然景观，统筹生态、生产、生活，按照集约化、规模化、组织化、社会化的现代农业发展方向，由县扶贫开发投资公司（以下简称平台公司），通过政府和社会资本合作，在政府风险可控的前提下，向国家政策性银行等筹集大额的中长期贷款，加大基础设施投入，建设农业产业园区和旅游景区，调整产业结构。企业的利润收益，作为还款来源。土地经营模式：一种是土地信用合作社。一些没有劳动能力的贫困户自愿将自己的土地经营权存入合作社，合作社给付农民"存地费"，然后合作社将土地经营权贷给愿意耕种土地的大户或企业，合作社收取"贷地费"。另一种是土地股份合作社。贫困户自愿将土地经营权作为股份加入合作社，合作社将土地统一起来，转给大户或企业，村集体

与农户按2∶8股份分成。银行每亩最高贷款限额为土地流转评估价格的60%，一般土地流转费均价1 000元/亩，每亩地每年最高贷款限额为600元。另一方面，以易地扶贫搬迁和城镇化，探索"产权归政府、群众免费住、循环起来用、集中供养服务"的养老搬迁模式，由县易地搬迁投资公司向国家政策性银行筹集大额的中长期贷款，推动生活社区建设。通过转让土地指标收益，增加贫困县的还款来源。

(3) "6"：打造"六位一体"股份合作制经济组织

建立政府+金融机构+科研机构+公司+合作社+贫困户"六位一体"的股份合作制经济组织，充分发挥市场在资源配置中的决定性作用和政府的推动作用。

第一，整合下放。对财政涉农资金进行整合、打捆，依据全县贫困村、贫困人口数量，确定分配方案；再以各乡镇主导管理的贫困户专业合作社为对公单位，把涉及本乡镇贫困人口的上级专项扶贫资金整合下放到合作社。

第二，折股量化。在征得贫困户同意的基础上，把整合的资金作为合作社发展的资本金，按每户应得扶贫资金折股量化到人，形成股权向每个贫困人口分配，实行动态管理，由资金到户改为资本到户、权益到人。

第三，投放参股。以各乡镇村合作社为单位，把本社贫困人口拥有股权的资本金投放到县平台公司，由县平台公司统一管理使用，按入股资本金对待，按期进行分红，涉农整合资金作为村集体股份，扶贫资金为贫困户股份。

第四，承贷承建。县平台公司参股企业项目，向发改委申请建设基金，通过向政策性银行贷款，实现投贷联动；与企业建设适合生产经营的固定资产，并对其进行管理。

第五，合规经营。企业根据生产经营需求，以入股的方式，与平台公司共同经营，也可以租赁平台公司建设的固定资产进行生产经营。在生产方式上，实行"六统一分"，统一流转土地、统一建棚、统一提供菌棒、统一传授技术、统一价格回收、统一贷款，将大棚以租赁或购买的方式分配到贫困户，实行包产到户，充分发挥统分两个积极性。在销售模式上，运用"老乡菇"品牌电商交易平台发展订单农业，将农业一元化生产变为二元化生产。由电商平台充当销售科，股份合作制企业变成生产车间。在技术支撑上，聘请职业技术学院专家，建立县食用菌研发中心和农业创新驿站。在金融支撑上，建立县乡村三级金融服务网络，大力推进"政银企户保"扶贫小额信贷和投融资体系建设。同时保险公司开办扶贫特惠保险，因地制宜地开展农产品目标价格损失险、农产品质量责任险和自然灾害保险，兜住农业生产的风险底线。

第六，分享红利。龙头企业和县平台公司建设的固定资产经营产生的经济效益，按偿还政策性银行本息、回收企业投资和股权分红三部分进行分配。

(4)"4"："四方权利"充分实现

在这种模式下，构建企业资本、村集体涉农整合资金、贫困户扶贫资金和小额信贷资金四方联合的资本运行机制，使政府主导权、平台管理权、企业经营权和贫困户收益权等四方权利充分实现。

第一，政府的主导权。一是引进龙头企业。县政府利用资本市场扶贫政策，加大招商引资、引技和引智力度，引进10家大型食用菌龙头企业，大力发展股份合作制企业，解决"谁来扶"的问题。二是搭建投融资平台。县级层面设立集投资、融资、担保、建设、管理于一体的扶贫开发投资公司，县政府授权其对国有资产进行经营管理，并承担国有资本经营和资产保值增值责任。三是确定入股农户。根据县扶贫产业总体规划，按照平等自愿的原则，确定入股的贫困户，以及财政扶贫资金使用权限及分红比例，解决"扶持谁"的问题。四是防范风险。筛选具备经营状况良好、内部管理规范、社会责任感强、与农户生产经营关联度高的企业，由县扶贫办指定第三方对其进行评估。参与股份经营的各方必须签订《资产收益扶贫股份合作协议书》；协议到期后，企业一次性付清贫困户股本红利，贫困户脱贫后如有意愿继续入股，则需严格按照《公司法》或《合作社法》的规定重新签订入股协议，不再享受保底收益等扶贫优惠政策。参与股份合作制经营的企业，由平台公司和扶贫部门督促完善内部监管机制并加强外部监管确保资金安全和扶贫对象收益。

第二，平台的管理权。扶贫项目由平台公司承贷承建，将财政资金、企业资金等整合使用，壮大扶贫资金实力，加强对各类资金的监督管理。

第三，企业的经营权。企业参与项目建设，各类资产由企业统一经营，发展扶贫产业。企业收入用于偿还贷款本息，以及贫困户分红和村集体公益事业建设。

第四，贫困户的收益权。贫困户股份作为优先股，将涉农整合资金和财政扶贫资金折股作为长期股份，从企业扶贫项目经营利润中保底分红。

（5）"3"：实现贫困户"租金+股金+薪金""三金"收入

"以企带村、以社带户"，将农户纳入合作社，优先流转贫困户土地，优先让贫困户入社参股，优先安排贫困户就业，使其"赚租金、分股金、挣薪金"，实现贫困户投资零成本、收益零风险、打工零距离。

3. 实施效果

（1）激活农村沉睡的资产，化解农地入市的矛盾。长期以来，农民拥有的土地、房屋、林权等只是一种无法变现的资产，财产权、收益权得不到有效体现。通过股份合作制经济组织推动农村土地、基础设施等资源资产折价入股，加快土地流转和规模经营步伐，让沉睡的资产活起来，让农民和村集体有更多的收益。过去涉农企业与农民之间因为存在征地、补偿等利益问题，经常是对立的，很多并不复杂的事情办起来却不简单。通过股份合作制，农民与企业捆绑到一起，利益一致，目标一致，关系顺畅，企业的发展活力大大增强，同时用活土地经营权，解决农村市场经营不活、发展层次不高的问题。

（2）调动贫困户的积极性，增加村集体经济收入。原来由于缺乏利益关联，企业与贫困户是雇佣关系，一些贫困户在企业打工心气不高、劲头不大。股份合作制把贫困户和企业的利益紧密连在一起，企业与贫困户成了伙伴关系，贫困群众的心态和行为发生很大的变化。贫困户可以在获得土地收益的同时，就近到企业打工，带动农村剩余劳动力以及老人、妇女等就业。农村集体经济通过股份合作制产权改革，调动群众参与经营村集体经济的热情，促进集体经济稳定发展。"三金"收入，让村民得好处、尝甜头，很多事往前想、主动干，焕发出前所未有的积极性，群众纷纷称赞：园区建在家门口，打工不再往外走，大棚种下摇钱树，脱贫致富有奔头。

（3）发挥财政资金杠杆作用，缓解贫困户贷款难。加大对农村股份合作制经济组织的扶持力度，较好地发挥政策性资金的"撬动"

作用。对各类股份合作制经营主体,除享受农村合作经济组织的优惠政策,还享受涉农扶贫企业优惠政策,根据带动贫困户数量,实行差别化贴息政策,带动越多,贴息越多。2013年以来,阜平县财政累计投入金融扶贫资金3亿元,带动投入各类扶贫资金35.7亿元,撬动银行为股份合作制企业累计发放贷款10.1亿元、为政府融资平台发放贷款50.2亿元,为贫困户累计发放扶贫小额信贷3.7亿元。全县累计投入扶贫资金近100亿元,是1987—2012年这25年扶贫投入资金总和2.5亿元的40倍。

(4)壮大特色扶贫产业规模,提升农业现代化水平。股份合作制一头连着市场,一头连着千家万户,不仅能够促进小生产与大市场的有效对接,而且促进小资产与大资本的优势互补,破解现代农业和旅游业发展中基础设施建设难、投入难、科技创新研发难、销售市场开拓难等问题。依托农业特色产业,调整产业结构,不断完善产业链,涌现出"景区带村、能人带户"的旅游扶贫模式,香菇小镇、旅游小镇等,如雨后春笋,应运而生,提升现代农业和服务业的发展水平。股份合作制促进园区规划项目资金结合、资源资产整合、企业集群聚合、一二三产融合,提高扶贫产业对贫困人口的覆盖率。以绿色发展,实现生态产业化、产业生态化,以建设特色小镇,实现乡村城镇化、城镇乡村化的格局。①

二、金融扶贫探索:河北"政银企户保"模式

河北省将金融扶贫作为打赢脱贫攻坚战的战略性举措来抓,聚焦定向、精准、特惠、创新,探索出以政府增信为依托、以信贷风

---

① 王留根.依托股份合作制实现产业扶贫目标[J].学习与研究,2017(9):63-66.

险分担机制为核心、以多方联动为基础的"政银企户保"模式。

1. 主要做法

（1）做好顶层设计，着眼发展"五位一体"特惠金融

河北省以落实扶贫小额信贷政策要点为突破口，将政府、银行、企业、贫困户、保险公司等各方面利益统筹考虑，制定《河北省"政银企户保"金融扶贫实施意见》，做好顶层设计，设定金融产品，细化服务措施。

"政"就是政府搭台增信。由政府主导，建设金融服务网络，发挥行政资源和社会资源优势，配合金融机构做好金融扶贫组织工作。发挥财政资金"四两拨千斤"的撬动作用，整合财政涉农资金，打捆设立担保基金、保险基金、风险补偿金"资金池"，存入合作银行，为特惠金融扶贫开展提供增信支持。河北省62个贫困县（市、区）建立"政银企户保"金融扶贫服务机制。

"银"就是银行降槛降息。一方面，通过竞争方式选择合作银行，激励银行降低扶贫贷款利率，为建档立卡贫困户、家庭农场、农民合作社、扶贫龙头企业和股份合作制经济组织等带贫益贫企业发放脱贫产业贷款。另一方面，使用好人民银行扶贫再贷款，优先支持建档立卡贫困户和带动贫困户就业发展的企业、合作社，积极推动贫困地区发展特色产业和贫困人口创业就业。2015—2018年，中国人民银行石家庄中心支行向贫困县县域法人金融机构发放扶贫再贷款131.6亿元。

"企"就是企业带贫益贫。脱贫产业贷款包括扶贫再贷款承贷企业采取多种模式带动贫困户发展。根据企业和合作社带动贫困户的数量，由各县政府制定政策，筹措资金，实行差别化贴息，带动越多，贴息越多。带动贫困户数达到60%以上的贴息100%，带动贫困

户数30%~60%的贴息50%，带动贫困户数不足30%的不予贴息。与此相配套，大力发展股份合作制经济，吸纳贫困人口以到户财政扶贫资金、土地等入股当股东，通过产业链建立企业与贫困户的利益联结机制，使贫困群众变成流转土地拿租金、利益联结分股金、入企打工挣薪金的"三金"农民。

"户"就是贫困户承贷用款。全面落实扶贫小额信贷政策要点，坚持贫困户参与和自愿的原则，拓宽用款渠道，提高贫困户发展能力。一是对符合贷款条件，有自主发展能力和产业项目的贫困户，通过扶贫小额信贷"自我发展"扶贫产业。二是对符合贷款条件，没有适宜产业的贫困户，通过抱团发展模式发展生产。

"保"就是保险风险兜底。通过竞争方式选择合作保险公司，开办扶贫小额保证保险，建立贷款风险分担机制，减轻扶贫企业和贫困户经营风险，当贫困户5万元以上的脱贫产业贷款和带贫企业脱贫产业贷款发生损失时，由担保基金、银行机构和保险公司按照1∶2∶7的比例共同代偿贷款本息。

（2）加强统筹协调，着手建立"五力合一"扶持体系

建立"政府+银行+企业+贫困户+保险公司""五力合一"的扶持体系，充分发挥政府的推动力、银行的撬动力、企业的带动力、贫困户的内生动力、保险的风控力，提高贫困群众进入市场的组织化程度，多途径增加收入。

一是切实发挥三级金融服务网络作用。组建县、乡、村三级金融服务网络，县设金融服务中心、乡设金融服务部、村设金融服务站，为贫困户和企业贷款提供便捷化服务，特别是乡、村两级，利用熟悉贫困人群情况、熟悉当地产业实际的便利条件，协助金融机构共同做好贫困户授信、贷款回收、贴息识别、公开公示与保险业

务。三级金融服务网络解决金融部门与贫困群众信息不对称的问题，在降低金融机构运营成本的同时，实现金融机构与贫困户、供给与需求、资金与产业的有效对接，提高扶贫精准度。

二是充分调动贷款相关各方积极性。建档立卡贫困户都是清一色"穷人"，银行为了规避风险，存在不敢贷、不愿贷的思想顾虑，通过政府搭台增信和贷款风险分担机制，有效解决贷款风险，消除银行的担忧。县级政府通过政策性保险业务的合作服务，调动保险公司开办扶贫小额信贷保证保险的积极性。贫困户获得免担保免抵押、基准利率、财政贴息、县建风险补偿的扶贫小额信贷，激发脱贫的内生动力。推行"政银企户保"以来，县级合作银行进一步放宽建档立卡贫困户贷款年龄，普遍下调贷款利率，扶贫小额信贷统一执行基准利率放贷。

三是全面增强扶贫企业带动能力。河北省把产业扶贫列为精准脱贫八大专项行动之首，把扶持扶贫企业发展摆到重要位置。按照企业管理规范、带动效果明显的原则，2016年以来，河北省扶贫办认定428家省级扶贫龙头企业，并实行动态管理。扶贫龙头企业通过吸引贫困户入股、租赁设施、务工等多种方式带动贫困户发展。通过县级金融服务中心，扶贫龙头企业获得脱贫产业贷款，增强带贫益贫能力，扶贫企业在贷款环节减少很多不确定的隐性成本。扶贫企业通过代种代养、租赁、托管、订单等方式，与贫困户建立紧密的利益联结共享机制，带动贫困群众增收致富。

四是积极探索贷款使用方式。除户贷户用模式外，对没有适宜产业的贫困户，引导参与抱团发展。

（3）加强风险防控，着力构建"五项机制"工作格局

通过建设扶贫小额信贷风险补偿机制、银行风险分担机制、保

险兜底机制、熔断机制和组织防范机制，切实加强扶贫贷款风险防控。

各县按照扶贫小额信贷规模，足额设立风险补偿金。扶贫小额信贷实际发生损失形成坏账时，合作银行提出补偿申请、提交相关证明材料后，由合作银行和风险补偿金按2:8的比例分担。通过竞争方式选择合作保险公司，开办扶贫小额信贷保证保险，参与贷款风险分担，减轻扶贫企业和贫困户经营风险，当贫困户5万元以上的脱贫产业贷款和带贫企业脱贫产业贷款发生损失时，由担保基金、银行机构和保险公司按照1:2:7的比例共同代偿贷款本息。当乡镇贷款不良率达到3%时，启动熔断机制，进行调查整改。发挥好基层组织的风险防范作用，通过贷前审核、贷中服务、贷后监管，降低金融风险。大力宣传金融政策，让农户树立诚信还款意识。出现逾期时，全力追偿。截至2018年11月，全省扶贫小额信贷逾期余额，仅占贷款总量的0.08%。

2. 关键环节

（1）贷前做好"三级审核"，把好"准贷关"。一是乡镇初选。乡镇金融服务部在收到村金融服务站申请后2日内，安排乡镇干部、包村干部、驻村精准扶贫工作组成员、村"两委"干部和市场经营主体负责人等五方面人员，与金融机构信贷人员一起，组成"5+1"工作组，入户实地调查，客观公正地评价贷款对象条件，并出具调查报告。申请人填写《贷款申请表》，经"5+1"工作组签字后报送县金融服务中心。二是联合审批。县金融服务中心将《贷款申请表》汇总后，提交由分管县领导牵头负责的县联审小组进行评审，审批通过后提交至合作贷款银行。三是银行核查。合作银行根据联审小组审批确定的准贷名单进行"信用筛查"，对无不良记录、符合贷款条件的及时放贷、随批随放。

(2) 贷中强化"三个意识",把好"服务关"。一是"效率意识"。各乡镇设立专门机构,负责贷款申请材料组卷上报,县联审小组第一时间进行集中审批,提交承办的商业银行,银行开辟专门窗口即时办理,确保10个工作日内贷款到手,不误农时。二是"公开意识"。将贷款条件、审贷责任、注意事项等编印成册,让借贷贫困户有章可循、有据可依。三是"为民意识"。由县领导带队,组织相关农口部门、金融机构成立专门宣讲小组,对贷款政策及办理流程进行宣讲,发放明白纸,提高贫困群众的知晓率。

(3) 贷后用好"三个机制",把好"安全关"。一是落实监督机制。乡镇、部门、银行、保险公司协调联动,采取逐户回访、实地查勘等方式,跟踪贷款使用情况,对未按约定使用贷款的,及时启动干预机制,避免"贷而不用、贷而他用"。二是强化信用机制。将贷款协议履行情况,作为衡量借款人信用度的重要内容,对完成一个产业周期积极还款的,再次贷款时予以优先考虑。三是严格追偿机制。对因自然灾害等不可抗力,导致合作社、企业、个人产业遭受严重损失的,严格按照规定启动保险公司、政府、银行三方风险共担机制。对恶意欠贷,由欠贷清偿领导小组负责依法清贷,确保贷款贷得出、用得好、管得住、还得上。

3. 实施效果

"政银企户保"金融扶贫模式开展以来,有效激发银行的放贷积极性,实现贫困户和企业"需贷尽贷",解决贫困群众和企业"想贷不能贷"的难题,被群众赞为"小额信贷实在好,有了政银企户保,贷款不用到处跑,安心只把生产搞"。截至2017年9月底,"政银企户保"金融扶贫模式已实现全省62个贫困县全覆盖,累计承贷户数达88.06万。

三、扶贫专项债券探索：泸州市案例

地方在脱贫攻坚战中，也存在财政资金不足、急需融资的情形。四川省泸州市在扶贫专项债券发行中有一些创新做法值得借鉴。

1. 泸州市简介

泸州市位于四川省东南部，下辖三区四县，其中古蔺县、叙永县是国定贫困县，合江县是省定贫困县。全市贫困村、贫困人口多集中在乌蒙山区，分别占贫困总数的83.6%和79.4%。乌蒙山区海拔差达1300米，自然条件恶劣，不适宜居住和生产，易地搬迁是最有效的脱贫方式。然而，由于国家补助资金分散、信贷资金品种少、整体资金规模小，不能满足实际搬迁工作中建卡贫困户和非贫困户整体搬迁和基础设施、公共设施建设的需要，更不能满足全面脱贫奔小康的需要。为增加扶贫投入，拓宽融资渠道，确保易地扶贫搬迁项目按时保质完成，2016年9月12日，泸州市发行全国首只计划额度为20亿元的"易地扶贫搬迁项目收益债"（首期规模5亿元），当地11.21万搬迁人口受益，其中贫困户6.54万人。

2. 发债原因

（1）易地搬迁项目资金总量不足。易地扶贫搬迁涵盖房屋建设、基础设施建设、公共服务建设及各类前后期费用，资金需求总量大，国家政策性资金难以满足易地扶贫搬迁的实际需求。泸州市人均实际搬迁综合成本为8.3万元/人，国家政策性资金支出仅为5.6万元/人，缺口达2.7万元/人。而且，易地扶贫搬迁需要统筹考虑贫困户与非贫困户。泸州市是山区、革命老区和民族地区，作为随迁户的非贫困户，大多处于贫困线边缘，普遍存在老、病、残等情况。如果不搬迁，极易形成新增贫困人口，加剧社会矛盾，影响小康社会的建成。但国家扶贫政策主要面向建档立卡贫困户，随迁户无建房补助，仅享受配套基础设施和公共服务，地方资金缺口大。泸州市易地扶贫搬迁项目收益债共涉及11.21万人，其中非贫困户4.67万人，占比达41.66%。

(2) 易地搬迁项目资金结构不匹配。结构性不匹配主要表现在两方面：一是部分前期、辅助性费用无法在现有财政扶贫资金中列支，包括入迁地土地占用费和地质勘查费、规划设计费、工程监理费、房屋质量安全鉴定费等。二是政策性资金严格限制使用方向，以房屋建设为主，不能投向基础设施和公共服务建设。但这些基础设施是确保搬迁户"搬得出、稳得住、能致富"的基础和关键，必须进行配套建设，建设资金需求量和资金缺口都比较大，影响搬迁进度和规模。

(3) 项目收益债相较其他融资方式具有显著优势。其他融资方式，如财政资金具有项目分散、规模小的缺点；专项基金具有申请条件严格、排他性使用限制、资金同步监管要求严格的缺点；长期低息贷款具有规模有限的缺点；长期贴息贷款具有资产抵押要求高、申请通道拥挤、成本较高等缺点。相比这些融资方式，收益债作为直接融资方式，成立项目公司即可发债，强调信用，募集资金规模大，期限长，成本低，短时间内可集中到账，能有效突破其他融资方式的"天花板"限制，从而有效拓宽融资渠道，显著增加资金投入（见表4-7）。

表 4-7　　　　　　项目收益债与其他融资方式的优劣比较

	项目收益债优势	其他融资方式情况	
基本优势	①信用融资为主；②资金规模大；③集中到账；④资金周期长；⑤资金成本相对较低	财政资金	①项目分散；②规模较小
		专项资金	①申请条件严格；②排他性使用限制；③资金同步监管，控制严格
特殊优势	①成立项目公司即可，能有效对接资本市场；②解决资金时间错位问题；③国资企业增信，方式简单且突出政府的市场化参与方式	长期低息贷款	规模有限
		长期贴息贷款	①资产抵押等限制；②贷款申请通道拥挤；③资金成本高

3. 主要做法

（1）债券发行相关主体。泸州当地国资企业联合出资设立泸州农投作为项目公司和发行主体，采取非公开形式发行项目收益债。

（2）债券的发行情况。债券成功发行有三个前提：一是发债额度在项目投入总额中占比为33%，低于发债要求的上限80%；二是内部收益率为8.72%，高于发债要求的6%；三是债项评级为AA+，高于发债要求的AA级。债券发行市场反应状况良好，中标利率为4.30%，创10年期同类债券最低中标利率纪录，全场认购倍数达6.79倍，充分表明"易地扶贫搬迁项目收益债"在资本市场的良好适用性。

（3）债券的使用。泸州农投公司及其在古蔺、叙永两县设立的全资子公司是债券使用的主要载体，募集资金划拨至泸州农投公司后，子公司作为具体的使用管理主体，根据市级制订的项目实施计划立项填表，报县政府项目工作组审查，并专报市级单位审核后获取资金并使用。

（4）债券的偿还。泸州农投公司作为偿债主体，以其运营收入为主要偿债来源。收入主要来自三个方面，一是易地扶贫搬迁中结余的土地指标通过城乡土地增减挂钩变现获取土地指标交易收入；二是整合以工代赈、危房改造、农网改造等十余项财政资金；三是财政补助作为营业外收入。如上述收入无法足额偿债时，由泸州政府的专项补助和兴泸集团作为差额补偿人进行代偿。

（5）债券的特点。债券资金在使用和偿还过程中呈现出两大特点：一是资金到位快、规模大，审批权限低、使用范围广。募集资金专户在发行日后不到 10 天内，便收到扣除发行费用后的所有首期募集资金，共计 4.9575 亿元。2016 年 10 月泸州农投公司向古蔺、叙永两县的全资子公司分别划拨资金，使用范围覆盖随迁户搬迁补助、规划设计、地勘、地灾评估、监理、杆管线搬、项目可研编制、环评、工程预算、工程检测、占地补偿、场平、配套基础设施等易地扶贫搬迁专项资金不能覆盖的领域。负责项目实施的市、县两级政府充分掌握资金审批权，县级政府负责制定资金具体管理办法和使用细则。二是偿债来源以土地指标交易收入为主，整合多项零散财政专项资金，有效地化零为整，形成资金组合拳。

四、政策性金融扶贫实验示范区建设：保定市案例

2016 年 3 月，中国农业发展银行和国务院扶贫开发领导小组办公室，将河北省保定市列为政策性金融扶贫实验示范区。该区惠及域内 9 个贫困县，覆盖燕山——太行山集中连片特困地区的 40%，其中阜平县、涞水县、涞源县、易县、唐县、顺平县、曲阳县、望都县为燕山——太行山片区县，博野县为省级贫困县。建档立卡贫困人口 33.36 万人，贫困村 753 个，贫困发生率为 3.96%。保定市制订政策性金融扶贫实验示范区工作方案，以脱贫攻坚统揽全局，整

合资源资产资金，实施资本化运作，合力攻坚，探索"创建政策性金融扶贫实验示范区——支撑易地扶贫搬迁社区和壮大现代产业园区——实现区域性整体脱贫"的新模式及新机制。

1. 主要做法

（1）以扶贫投融资体系为依托，创建金融扶贫实验示范区

①建立组织管理体系。保定市和9个贫困县都成立由主要领导任组长，扶贫、金融、财政等单位负责人为成员的政策性金融扶贫实验示范区创建工作领导小组，定期研究解决涉及金融扶贫的重大问题，通过财政、金融、扶贫等政策衔接，推动实验示范区创建和金融扶贫工作全面提升。各级政府秉承"既不当运动员，也不当裁判员，要当好服务员"的理念，在贫困县建立县乡村三级金融服务网络，县设金融服务中心、乡设金融服务部、村设金融服务站，并由驻村工作队员与乡（镇）干部、包村干部、企业负责人、村"两委干部"和银行信贷人员组成"5+1"工作组。

②构建融资运作体系。围绕"借得来、用得好、管得住、还得上"，建立市县易地扶贫搬迁投融资主体和扶贫开发投融资主体，分别承担非营利性项目和营利性项目的融资，积极推进易地扶贫搬迁社区和产业园区两区联动同步建设。对产业园区盈利性项目，采取园区基础设施建设、土地流转、产业支撑"三位一体"推进，通过政府投融资平台、优质民营企业、新型农民合作社（农户）三家股份运作的"233"信贷模式，以及新型城镇化"FG+PPP"信贷支持模式（F指央企、省企、上市公司等一流企业，G代表政府主导企业），创新特色产业扶贫、光伏扶贫、旅游扶贫、资产收益扶贫等多种模式，在示范区内，通过设立金融扶贫示范县，试点示范，逐步推广。

③完善担保增信体系。推进"政银企户保",政府搭台增信,银行降槛降息,企业农户承贷,保险保证兜底。完善政策性担保公司的治理结构,规范政府与银行、保险公司的合作方式,发挥好各县担保基金的作用,为建档立卡贫困户、农民专业合作社、扶贫企业实施产业化扶贫项目融资进行增信或担保。通过整合到县涉农资金分别设立担保基金和风险补偿资金,有效防范金融风险,当5万元以上贷款发生损失时,由担保中心、银行机构和保险公司,按照1:2:7的比例共同代偿贷款本息,降低银行信贷风险。

(2)以"四合"为抓手,支撑搬迁社区和壮大现代产业园区

①推进"两区同建",坚持社区、园区建设与发展规划紧密结合。按照京津冀协同发展对保定市"创新驱动发展示范区和京津保区域中心城市"的定位,将《河北省燕山——太行山片区区域发展与脱贫攻坚实施规划》《保定市"十三五"脱贫攻坚规划》《保定市"十三五"易地扶贫搬迁规划》与《保定市政策性金融扶贫实验示范区工作方案》相衔接,做到区域发展与脱贫攻坚紧密结合,统筹生产、生活、生态空间发展,加快基础设施向贫困村延伸,公共服务向贫困村覆盖,促进生产要素配置、产业发展、公共服务、生态保护等相互融合。统筹推进示范区易地扶贫搬迁社区和产业园区基础设施建设。坚持规划、项目、融资三者统一,建立贷款项目库,完善行政审批手续。

②用足土地扶贫政策,促进生产要素高效整合。通过产业园区建立集约化、规模化、组织化、社会化的现代农业体系,推行土地所有权、承包权、经营权"三权分置"。示范区9个贫困县通过建立农村产权交易中心,流转土地经营权,形成报价定价机制,将土地资源转换成企业的资产,建立物权抵押贷款机制,采取"一次授信、

随用随贷、余额控制、周转使用、动态调整"的信贷模式，企业将资产抵押成信贷资金，发挥土地资源在融资中的权益性作用，信贷资金投入产业项目在生产中形成资本。通过土地指标增减挂钩、占补平衡制度，在全省范围内交易，发挥土地级差收益作用，重点支持示范区脱贫攻坚。

③建立股份合作制，实现企业集群聚合。示范区探索通过土地流转，把贫困农户组织起来，走合作化的道路。以混合所有制形式，建立"政府+金融机构+科研机构+公司+合作社+农户"六位一体多元化的股份合作经济组织，解决单一贫困户缺项目、缺资金、缺技术和风险承受能力较弱的问题。政府组织扶贫企业与金融机构进行项目对接。在石家庄股交所设立"金融扶贫板"，园区按照"个体转企业、企业改股份、股份推上市"的路径，储备一批、培育一批、股改一批、上市一批，梯次推进扶贫企业挂牌上市融资。省政府对扶贫企业进行奖励，在石家庄股交所挂牌企业奖励30万元，"新三板"挂牌企业奖励150万元，在"主板"上市企业奖励200万元。加大股权投资和企业发债的融资力度，带动贫困户增收。

④调整优化产业结构，促进三产高度融合。示范区以"乡（镇）有产业园区、村有股份合作组织、户有产业帮扶举措"为抓手，坚持绿色发展，以"生态产业化、产业生态化"打造产业园区，一二三产业融合发展；以"城镇乡村化、乡村城镇化"建设特色小镇易地扶贫搬迁社区。同时，提高金融精准扶贫的针对性，促进贫困地区产业转型升级，紧紧抓住"去产能、去库存、去杠杆、降成本、补短板"的有利时期，低成本调整农业产业结构，在示范区大力发展设施农业。以"景区带村、能人带户"发展旅游扶贫，带动贫困户脱贫。

(3) 以利益联结机制为纽带，实现区域性整体脱贫

在示范区创建实践中，重点探索建立五种利益联结模式：

①政府平台引导模式。搭建扶贫资产收益平台，财政扶贫资金和行业部门整合涉农资金折股量化，引导贫困户入股，变分散经营为集约经营。由政府投资建设基础设施，扶贫资金入股，公司租赁经营，集体和贫困户双收益。

②农业园区拉动模式。依托现代农业园区，吸纳农民以土地、山场等不动产入股，贫困户返租经营，带动群众增收。如阜平县柏崖村整治荒山建设园区，每人新增土地1.22亩入股园区企业，贫困户既有保底收入，又有股权分红。

③企业带动模式。选取发展前景好、抗风险能力强的企业，实行标准化生产、规模化经营，带动贫困户参与。引进企业开展优质农产品种植，贫困户租赁经营、合作经营、入股经营获得收益。

④专业合作社主导模式。依托当地特色产业，由农村能人牵头成立合作社，吸引贫困农户入股，让贫困户参与产业发展各环节。如涞水县南峪村由能人成立旅游合作社，贫困户闲置农宅入股，发展旅游扶贫，带动贫困户致富。

⑤全员股份合作模式。村集体成立股份制合作社，集体资产量化折股，全体村民全部入社，贫困户重点参与，实行股份合作化管理。如涞水县吕家铺村成立股份制合作社，将贫困户承包地、到户财政专项扶贫资金、到村涉农资金折股入社。

2. 实施效果

(1) 实现示范区扶贫融资新突破。保定市9个贫困县的20家扶贫开发投融资公司，投入项目资本金7亿元，从政策性银行和开发性银行获得贷款36.38亿元（其中，农发行贷款27.8亿元），建设基金

16.1亿元；承接省级扶贫开发投融资平台资金2.33亿元，用于9个贫困县466个贫困村基础设施提升工程建设，实现农发行2014年以来扶贫贷款"零突破"，信贷投放增速高于全市8个百分点。示范区各县共筹集担保资金6.7亿元，风险补偿资金3.26亿元，为扶贫企业担保贷款8亿元，为贫困户提供扶贫小额信贷9.45亿元。

（2）推动示范区的"两区"同建。农发行在阜平县探索"土地流转和林果种植结合"的特色产业项目贷款模式，为林果产业贷款2.3亿元，成为国内第一笔该类项目贷款，项目贷款执行基准利率，降低产业项目贷款的成本，项目涉及4个乡镇30个贫困村，带动近8 000人从事林果种植加工。探索林业开发与生态保护贷款品种，支持涞源县白石山大道景观绿化项目1.7亿元贷款，有效改善白石山景区生态环境和基础设施，辐射带动周边11个贫困村面貌改造提升。同时，在易地扶贫搬迁社区建设过程中，示范区有关贫困县承接省级易地扶贫搬迁投融资平台资金14.8亿元，用于项目建设。示范区新增县级以上产业园区19个，总数达到近100个，建成面积95.42万亩，其中，流转土地面积52.69万亩。加上283个乡级园区，各类园区总数达到近400个，吸引各类入园企业166家，各类农民专业合作社216家，产业园区建设成为扶贫蓝海市场的引爆点。

第五章

特惠金融创新突破与发展成效

特惠金融创新全面发力,多点突破,纵深推进,着力增强改革的系统性、整体性、协同性,在实践中开创出有中国特色的特惠金融扶贫新路。

第一节 特惠金融创新突破

与传统金融相比,特惠金融的创新突破主要体现在金融产品特别、受益范围特定、扶持政策特惠、政府作用特别、评级授信特别、资金来源特别、资金投向特定、定价机制特惠、成本承担特别等九个方面。

一、金融产品特别

特惠金融产品一般是针对贫困地区、建档立卡贫困户的专属金融产品,精准对接贫困地区和贫困户需求,量身打造,如扶贫小额信贷等。有些地区,如盐池县,为建档立卡贫困户开发了专属的黄花种植保险、荞麦产量保险、滩羊价格指数保险等特色产业保险产品；对于基础母牛保险、基础母羊养殖保险、能繁母猪养殖保险等产品，虽然是面向全体农户的保险产品，但对于建档立卡贫困户，保费比较优惠，保额也比较高。例如，基础母牛保险，对于建档立卡贫困户，保险费率由原来的6%下降至3.5%；基础母羊养殖保险，在保费不变的基础上把保额由500元提高至600元；能繁母猪养殖保险，建档立卡贫困户的全部保费由政府承担。

二、受益范围特定

从特惠金融理论体系、政策体系和实践活动来看，特惠金融发展的根本目的是扶贫脱贫，必须紧紧围绕到2020年确保我国现行标准下农村贫困人口实现脱贫、贫困县全部摘帽、解决区域性整体贫困这个总体目标。因此，特惠金融的受益群体都有特定范围，一般是建档立卡贫困户或贫困地区扶贫经营主体。

例如，扶贫小额信贷的扶持对象为有贷款意愿、有劳动能力和一定还款能力的建档立卡贫困户；扶持重点是支持建档立卡贫困户发展扶贫特色优势产业，增加收入。

再如，扶贫再贷款的发放对象为连片特困地区县、国家扶贫开发工作重点县等832个贫困县和411个省级扶贫开发工作重点县行政区域内的农村商业银行、农村合作银行、农村信用社和村镇银行4类地方法人金融机构。地方法人金融机构应将借用的扶贫再贷款资金全部用于发放贫困地区涉农贷款，并结合当地建档立卡的相关情况，优先支持建档立卡贫困户和带动贫困户就业的企业、农村合作社，积极推动贫困地区发展特色产业和贫困人口创业就业。

三、扶持政策特惠

从银行业、保险业和证券业的特惠金融实践活动来看，这三个行业和地方政府都采取一些优惠扶持政策和差异化监管政策。

1. 银行业特惠政策

银行业特惠金融政策的目标是：全力推动贫困地区金融服务到村到户到人，努力让每一个符合条件的贫困人口都能按需求便捷获得贷款，让每一个需要金融服务的贫困人口都能便捷享受到现代化金融服务。具体政策有：

（1）创设扶贫小额信贷。为建档立卡贫困户提供"5万元以下、3年期以内、免担保免抵押、基准利率放贷、财政贴息、县建风险补偿金"的信用贷款。

（2）设立扶贫再贷款。为地方法人金融机构注入比支农再贷款更优惠的流动性资金，降低社会融资成本，帮助其向带动贫困户脱贫的扶贫企业（扶贫合作社等新型经营主体）提供期限优惠（可以展期4次，实际使用期限最长达5年）、利率优惠（不超过央行发布的同期基准利率）的信贷资金支持。要求建立四套机制确保扶贫再贷款政策落地：建立精准信贷机制，摸清有效需求；建立精准挂钩机制，明确带动标准；建立工作联系机制，加强信息对接；建立监测评估机制，实施正向激励。

（3）创设发行扶贫金融债。支持国家开发银行、中国农业发展银行通过发行金融债筹措信贷资金，按照保本或微利的原则发放低成本、长周期的易地扶贫搬迁贷款，中央财政给予90%的贷款贴息。

（4）实行银行"包干服务"制度。监管部门可根据当地银行业金融机构服务专长和实际情况，按照建档立卡贫困户扶贫小额信贷的发放、扶贫项目融资、服务网点布设等情况，建立分片包干责任制。对扶贫小额信贷的发放，按乡（镇）明确一家责任银行，由责任银行对建档立卡贫困户实行名单制管理，对贫困户开展逐户走访和信用评定,采取"一次核定、随用随贷、余额控制、周转使用"的管理办法,在授信额度内,由贫困户自主周转使用。探索采取由主要责任银行承包扶贫开发项目融资服务、包干一定区域内金融服务机具布设、包干某类贫困人群的特定业务等方式,使金融扶贫的服务主体更加精准,服务责任更加明确。

(5) 实施差异化监管政策。对贫困地区银行业法人机构的分支机构设立,以及现场检查等方面作出特殊安排。引导银行业金融机构合理确定扶贫项目贷款、扶贫小额信贷的不良贷款容忍度。对扶贫开发贷款作出尽职免责安排。严禁贷款利率浮动幅度过高。对于因自然灾害、农产品价格波动等客观原因造成无法按原定期限正常还款的贷款可以合理展期。对参与扶贫攻坚项目的公司主体、平台主体以及贫困户等因客观原因发生财务困难、无力及时足额偿还贷款本息的,可按有关规定实施贷款重组。

2. 保险业特惠政策

保险业特惠政策目标为:建立与国家脱贫攻坚战相适应的保险服务体制机制,形成商业性、政策性、合作性等各类机构协调配合、共同参与的保险服务格局。努力实现贫困地区保险服务到村到户到人,对贫困人口"愿保尽保",贫困地区保险深度、保险密度接近全国平均水平,贫困人口生产生活得到现代保险全方位保障。具体措施有:

(1) 农业保险的优惠政策。鼓励保险机构到贫困地区开办农业保险;引导保险机构积极开发扶贫专属特色农业保险产品;扶贫保险产品的费率可在报备费率基础上下调20%;对已确定的灾害,可在查勘定损结束前预付一定比例的赔款;优先吸纳贫困人口作为农业保险协保员。

（2）健康保险的优惠政策。大病保险向困难群众实行倾斜性支付（降低起付线、放宽报销范围、提高报销水平）；积极开办商业补充医疗保险；对外出务工农民工开辟异地理赔绿色通道；为驻村干部和扶贫挂职干部，高校毕业生"三支一扶"（支教、支农、支医和扶贫）提供意外伤害保险保障。

（3）教育脱贫的支持政策。针对贫困家庭大中学生提供助学贷款保证保险；面向贫困家庭子女开展保险职业教育、销售技能培训和定向招聘；推动贫困地区员工属地化；吸纳贫困地区大学生就业。

（4）保险资金运用的优惠政策。鼓励保险资金向贫困地区基础设施和民生工程倾斜；支持保险机构参与各级政府建立的扶贫产业基金；鼓励保险机构加大对贫困地区发行地方政府债券置换存量债务的支持力度；对涉及脱贫攻坚等符合国家发展战略重大项目的PPP投资计划建立专门的业务受理及注册绿色通道；开展"农业保险+扶贫小额信贷保证保险+保险资金支农融资"试点；设立中国保险业产业扶贫投资基金，采取市场化运作方式，专项用于贫困地区资源开发、产业园区建设、新型城镇化发展等。

（5）差异化监管优惠政策。优先支持中西部省份设立保险法人机构、分支机构和开展相互制保险试点；对注册地和主要生产经营地均在贫困地区且开展生产经营满三年的企业，或对扶贫工作有突出贡献的企业投资设立保险公司，给予重点支持、优先审核；对到革命老区、民族地区、边疆地区和连片特困地区下延机构和开办扶贫保险业务的保险公司优先予以审批；严格控制贫困地区现有保险机构网点撤并；对投向贫困地区项目的保险资金运用产品及涵盖贫困户生产生活全方位风险的"特惠保"等一揽子保险产品优先予以审批或备案；对贫困地区分支机构因重大自然灾害或农产品价格剧烈波动导致的经营亏损，不纳入绩效考核指标。

3. 证券业特惠政策

（1）支持贫困地区企业利用多层次资本市场融资。对注册地和主要生产经营地均在贫困地区且开展生产经营满三年、缴纳所得税满三年的企业，或者注册地在贫困地区、最近一年在贫困地区缴纳所得税不低于2 000万元且承诺上市后三年内不变更注册地的企业，申请首次公开发行股票并上市的，适用"即报即审、审过即发"政策；对注册地在贫困地区的企业申请在全国中小企业股份转让系统挂牌的，实行"专人对接、专项审核"，适用"即报即审、审过即挂"政策，减免挂牌初费；对注册地在贫困地区的企业发行公司债、资产支持证券的，实行"专人对接、专项审核"，适用"即报即审"政策。

（2）鼓励上市公司结对帮扶贫困县或贫困村，主动对接建档立卡贫困户，优先录用来自贫困地区的高校毕业生，用工优先招收建档立卡贫困人口。

（3）支持和鼓励证券基金、期货经营机构履行社会责任，结对帮扶贫困县，设立或参与市场化运作的贫困地区产业投资基金和扶贫公益基金。

（4）证券行业各类帮扶主体要与贫困村和建档立卡贫困户紧密衔接，建立带动贫困人口脱贫挂钩机制。

（5）行业协会将会员公司参与扶贫工作情况纳入分类评价标准，定期对会员公司扶贫工作情况进行考评。

四、政府作用特别

在传统金融中，政府一般不介入具体的金融业务，完全由交易双方自主进行，依据市场规则配置金融资源。但对于特惠金融，根本目的是脱贫攻坚，本身就是政府推动的一项重要任务，涉及很多利益主体，协调推动难度较大，有些金融机构本身也不愿介入。在此情况下，政府如果依旧像传统金融中那样置身其外，可以说特惠金融市场很难存在。因此，在很多特惠金融实践活动中，政府发挥积极的、重要的调节作用，有时甚至是关键的基础作用。

（1）政府搭台增信。如河北省"政银企户保"金融扶贫，要求贫困县成立资本金不少于1亿元的担保公司、3 000万元的风险补偿金、建立县乡村三级金融服务网络，为贫困户和带动贫困户发展的扶贫企业提供增信服务。

（2）政府为扶贫保险提供部分或全部保费，有些还和保险公司"联办共保"。例如，盐池县对全体建档立卡贫困户的保险产品给予保费补贴；阜平县为建档立卡贫困户提供60%的保费补贴，与保险公司"联办共保"农业保险，按5:5的比例分配保费，分担赔款。

（3）政府建立风险补偿基金，为金融机构的过度损失提供补偿。例如，盐池县承保扶贫保险的中国人保财险公司，2016年保费收入702万元，保险赔款1 253万元，亏损达551万元。针对中国人保财险公司的亏损，盐池县设立了1 000万元的保险风险补偿金，建立政府和保险公司风险共担、盈亏互补机制：保险公司在一个保险周期内，如果亏损，亏损部分由补偿金承担60%，合作保险公司承担40%；如果盈利，盈利部分的60%返回风险补偿资金池累积，以备大灾之年抵用。

（4）政府建设农村诚信体系，优化农村金融生态环境。扶贫小额信贷，免抵押免担保，对贫困户的信用水平和贫困地区的信用环境提出很高要求。因此，很多贫困地区政府在诚信体系建设方面积极作为，取得良好效果。例如，阜平县在建设诚信体系、优化金融生态环境方面采取的措施有：一是建立农村诚信体系，采取"边采集、边办理"的方式建立农户电子信用信息档案，通过"云平台"实现金融部门和社会管理部门之间的信息共享；二是建立守信激励和失信惩戒机制，采取多种措施促使农户诚信经营，严厉打击骗保、骗贷及恶意违约行为，树立"信用也是财产"的社会共识，提升社会信用管理水平，优化金融生态环境。

五、评级授信特别

特惠金融评级授信的评级指标、评级机制、评级主体及评级结果应用都与传统金融有很大差异。从盐池县"631"评级授信和麻阳县"721"模式即可看出特惠金融评级授信的特别之处。

1. 变革评级指标：从重收入到重信用

如表5-1和图5-1所示，在盐池"631"评级授信创新之前，农村信用社信用评级各项指标的比例分别为：农户基本情况及收入状况占60%；资产状况占30%；诚信度占10%。这种评级指标权重，过度强调农户收入的重要程度，占比高达60%，收入很低或者几乎没有收入的贫困户，无论如何评级都无法及格，自然贷不到款，被排除在信贷支持范围之外。即使非贫困户，在这种评级模式下，能获得信用社贷款支持的比例也仅在20%左右。

在"631"评级授信创新之后，对贫困户信用评级的指标权重发生很大变化，主要是基本情况和收入状况与诚信度的权重发生了对调，即收入状况的权重下降为10%，诚信度的权重上升为60%。这种评级指标权重的变化使没有收入或者收入很少的贫困户，只要诚实守信，信用评级分就可以达到70分以上，成为信用户，获得至少

2万元的信贷支持。"631"评级授信创新之后,2016年5月,盐池县实现建档立卡贫困户评级授信全覆盖。

表5-1　盐池县农村信用社"631"评级授信创新前后评级指标占比　　单位:%

评级指标	"631"评级授信创新前占比	"631"评级授信创新后占比
农户基本情况及收入状况	60	10
资产状况	30	30
诚信度	10	60

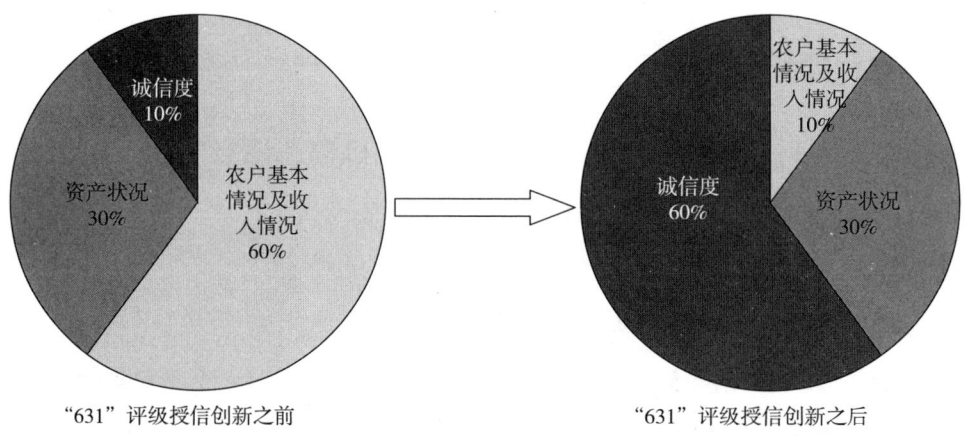

图5-1　盐池县农村信用社"631"评级授信创新前后评级指标占比

2. 改变评级机制:从"生人机制"到"熟人机制"

在传统金融模式下,无论是农信社还是农业银行,信用评级从来都是银行自己的事情,即由银行的评级人员对借款人进行评级,银行评级人员对借款人不认识,不了解,是一种"生人机制",信息不对称、评级不准确的现象时有发生。

在盐池特惠金融模式下,无论是互助资金、千村信贷,还是小额贷款及"四信评定",均以互助资金的"熟人"信用评级为基础依据,即由村两委班子对借款人进行信用评级。第一,在互助资金模式下,村两委班子对贫困户的资产、收入、生产状况、信用状况和人品道德等信息非常了解，评级结果比较准确。同时，借款人受小范围"口碑效应"的道德约束，很少出现借贷违约。在互助资金模式下，贫困户仅凭"口碑"即可获得2 000~20 000元的借款，获得最基础的发展资金。第二，在"千村信贷"模式下，由互助社推荐诚信客户到农村信用社，农村信用社认可互助资金"熟人机制"产生的评级结果，并把诚信客户的贷款额度提高至互助资金贷款额度的1~10倍，最高10万元，解决资金需求较大的贫困户的贷款需求。第三，在"四信评定"中，政府相关部门、人民银行及各家金融机构组成的信用评定小组，也是以各村党支部书记负责的信用组、信用户评议小组"熟人机制"产生的评级结果为基础，进行信用村和信用乡镇的遴选。由此可见，最初由互助资金创新的信用评级"熟人机制"，逐步扩展到金融机构、政府部门乃至全社会，应用范围越来越广。

在麻阳县"721"模式下，评级人员由村里的"五老代表"（老党员、老模范、老军人、老干部、老农民）、乡村干部、扶贫干部、农村商业银行支行行长等担任。其中，"五老代表"发挥着重要的基础作用，所依据的也是农村社会的"熟人机制"。

3. 扩充评级主体：从单个银行到社会范围

在传统金融模式下，各家银行都有自己的信用评级机构，对借款人进行信用评级，评级结果既不共享，也不互认。一个借款人如果到多家银行申请借款，需要由多家银行进行多次信用评级，评级结果不权威，浪费社会资源，也降低放款效率。

盐池县"631"评级授信创新之后，县里建立"四信评定"制度和"四信平台"，信用评级主体从单个银行扩大到政府相关机构、人民银行、各家商业银行和各村信用评定小组，依次评出信用户、信用组、信用村和信用乡（镇）。评级主体多元化，评级结果共享，增加信用评级结果的权威性。

4. 扩大应用范围：从贷款依据到社会管理

以盐池县为例，信用评级主体从单个银行扩充到社会范围后，评级结果录入"盐池智慧扶贫综合管理服务平台"，在社会管理、金融支持和财政支持等方面得到广泛应用，有助于改善贫困地区的金融生态环境。

《"四信评定"办法》明确规定信用评级结果的应用范围：①社会管理方面。今后凡入伍、入党、文明户、劳动模范评优评先等，按照有关条件，优先从信用户中推荐产生。②金融支持方面。金融机构在安排信贷计划、再贷款支持或调剂资金时，优先考虑信用户、信用组、信用村、信用乡（镇）的需求，给予贷款优先、利率优惠、额度放宽的信贷支持。③财政支持方面。县财政按照国家相关扶持政策给予信用户信贷贴息扶持政策，给予信用村村委会和信用乡（镇）政府一定金额的工作经费奖励。

六、资金来源特别

在传统金融中，融资活动的资金一般来源于公众存款或公众投资。而在特惠金融中，由于益贫性特征及追求融资时效等原因，资金来源一般比较特殊。总体来看，特惠金融扶贫资金大致有以下来源：（1）银行存款；（2）国家开发银行或农业发展银行定向发行的扶贫债券或扶贫中期票据；（3）扶贫再贷款；（4）保险业产业扶贫投资基金；（5）中央企业贫困地区产业投资基金，等等。

2016年4月，原中国银监会同意国家开发银行、中国农业发展银行分别设立扶贫金融事业部，发挥开发性和政策性金融在扶贫开发中的重要作用，履行扶贫开发社会责任。2017年4月，国家开发银行发行首期易地扶贫搬迁专项柜台债券。

2016年8月24日，中国保险业产业扶贫投资基金成立。基金总规模大约100亿元，面向保险机构定向发行，第一期发行10亿元，共有45家保险机构参与认购。基金重点投向连片特困地区、革命老区、民族地区、边疆地区的特色资源开发、产业园区建设和新型城镇化发展等领域，并带动其他社会资金流入，促进贫困地区经济发展和产业脱贫。

2016年10月17日，由国务院国资委牵头，财政部和国务院扶贫办参与发起，51家中央企业参与首期出资，设立了央企扶贫基金，首期出资额122.03亿元。该基金自成立以来共发起三期募资。截至2019年9月，基金总规模达314.05亿元。通过直接投资、在重点省设立子基金、发起扶贫基金联盟等方式，引领撬动社会资本超1 500亿元，打造现代农业、资源开发、清洁能源、医疗健康、产销对接、产业金融、资本运作等七大产业扶贫平台，逐步探索出一套可推广的产业基金扶贫管理模式，有力带动贫困地区特色产业和经济社会发展，在助力贫困地区打赢脱贫攻坚战中发挥了示范带头作用。

七、资金投向特定

传统金融的资金投向具有趋利性，即投向投资回报率高的项目。而特惠金融的资金投向具有益贫性，即投向扶贫项目。

例如，扶贫小额信贷投向建档立卡贫困户的产业项目；扶贫再贷款发放给贫困地区的农村商业银行、农村合作银行、农村信用社和村镇银行4类法人机构，全部用于贫困地区涉农贷款，优先支持贫困户和带动贫困户就业的企业和合作社，积极推动贫困地区发展特色产业和贫困人口创业就业，促进贫困人口脱贫致富；泸州市易地扶贫搬迁项目收益债券募集的资金全部用于古蔺、叙永两县35个镇、215个村、28 623户、112 101人的易地扶贫搬迁项目的基础建设、运营及设备购置等。

再如，保险业产业扶贫投资基金按照中央要求，发挥保险资金长期投资的独特优势，重点投向连片特困地区、革命老区、民族地区、边疆地区的特色资源开发、产业园区建设和新型城镇化发展等领域，并带动其他社会资金流入，促进贫困地区经济发展和产业脱贫。

八、定价机制特惠

在传统金融下，金融产品采用风险定价（Risk Pricing），即对风险资产的价格确定，它所反映的是资本资产所带来的未来收益与风险的一种函数关系。建立风险定价体系需考虑经营成本、目标利润率、资金供求关系、市场利率水平和客户风险等因素。

在特惠金融下，如果单纯按照风险定价，金融产品的价格可能由于风险大而非常高，贫困户将难以承受。因此，一些金融产品不按照风险因素和市场供求关系来定价，而是按照益贫性原则采取优惠定价等方式。

（1）扶贫小额信贷的特惠定价。银监会、财政部、人民银行、保监会和扶贫办五部门联合印发《关于促进扶贫小额信贷健康发展的通知》，以文件的形式明确扶贫小额信贷"5万元以下、3年期内、免担保免抵押、基准利率放贷、财政贴息、县建风险补偿金"的政策要点，要求金融机构按照基准利率发放扶贫小额信贷。

（2）扶贫再贷款的特惠定价。实行比支农再贷款更为优惠的利率，目前为 3 个月 1.45%、6 个月 1.65%、1 年 1.75%。运用扶贫再贷款资金发放的贷款利率，不得超过中国人民银行公布的一年以内（含一年）贷款基准利率（目前为 4.35%），以降低贫困地区社会融资成本。

（3）扶贫保险产品的特惠定价。例如，盐池县的"脱贫保"系列产品，在原有保险产品的基础上，按照"保本微利"原则对建档立卡贫困户进行政策倾斜，进行差别化定价处理，实行最低保费、最优保额。例如，同样的意外伤害保险，保费都是 100 元，但建档立卡贫困户的保额提高了 50%，达到 99 000 元，普通农户是 66 000 元；同样的大病医疗补充保险，建档立卡贫困户的保费为 45 元，是普通农户的 50%；同样的借款人意外保险，建档立卡贫困户的费率为 1.8‰，比普通农户保险费率下降了 28%~55%；老年人意外伤害保险，除了费率比较优惠以外，保费支出由政府全额负担。

九、成本承担特别

在传统金融下，金融活动的所有成本由借款人、发行人或投保人自己承担，而在特惠金融下，一些金融产品的成本由政府全部或部分承担。

县建政策性担保公司和风险补偿基金，为扶贫小额信贷提供政府增信，为金融机构的贷款损失和承保损失提供补偿；很多县财政为建档立卡贫困户的民生保险、大病医疗补充保险补贴保费，为特色农业保险提供保费补贴；泸州市易地扶贫搬迁债券偿债收入主要有土地指标交易收入、财政资金、财政补助、专项补助和差额补偿人代偿等来源。

第二节　特惠金融实践的发展成效

在有关职能部门、扶贫部门和金融单位共同推动下，我国特惠金融实践活动开始显现多方面成效。

一、特惠金融政策体系基本形成

中央扶贫开发工作会议召开后，中央密集部署，强力推动，各金融单位积极行动，既发声又发力，形成银行业、证券业、保险业"三驾马车"并进的工作格局，金融扶贫的政策框架总体确立。

《中共中央　国务院关于打赢脱贫攻坚战的决定》提出推进特惠金融20条具体要求，为做好特惠金融工作提供基本遵循。中国人民银行、国务院扶贫办等七部委《关于金融助推脱贫攻坚的实施意见》提出，努力让每一个符合条件的贫困人口都能按需求便捷获得贷款，努力让每一个需要金融服务的贫困人口都能便捷享受到现代化金融服务。

原中国银监会《关于银行业金融机构积极投入脱贫攻坚战的指导意见》把聚焦特惠作为基本原则之一，明确要求在重点金融机构确定专门的扶贫开发金融服务工作部门，对扶贫开发金融服务工作进行单独管理、单独核算、单独调配资源；建立银行"包干服务"制度。

原中国保监会联合国务院扶贫办出台的《关于做好保险业助推脱贫攻坚工作的意见》提出，鼓励保险机构开发涵盖贫困农户生产生活全方位风险的"特惠保"等一揽子保险产品；对贫困人口开发的农业保险产品，费率可下调20%；开辟异地理赔绿色通道；设立中国保险产业扶贫投资基金和中国保险业扶贫公益基金；实行差异化监管等特惠政策。

中国证监会出台《关于发挥资本市场作用服务国家脱贫攻坚战略的意见》，动员全系统、全行业力量助推脱贫攻坚，为在贫困县精准扶贫的企业融资开辟绿色通道，鼓励上市公司、证券公司、期货公司、基金公司积极参与扶贫工作。

金融机构也立足自身业务特点，出台含金量较高的特惠金融措施，在资金调度、资源配置、监管规定和绩效考核等方面实施差异化管理。

二、特惠金融产品体系逐步完善

目前，银行业、证券业和保险业推出多个特惠金融产品。

1. 银行业推出的特惠金融产品

（1）扶贫小额信贷。对建档立卡贫困户提供"5万元以下、3年期以内、免抵押免担保、基准利率放贷、财政贴息、县建风险补偿金"的信用贷款，破解贫困农户"贷款难、贷款贵、贷款慢"难题。

（2）扶贫再贷款政策引导的扶贫贷款。通过设立扶贫再贷款，为地方金融机构注入比支农再贷款更加优惠的流动性资金，助其向带动贫困户脱贫的扶贫企业（扶贫合作社等新型经营主体）提供期限优惠（可以展期4次，实际使用期限最长达5年）、利率优惠（不超过央行发布的同期同档基准利率）的信贷资金支持。

（3）扶贫金融债。在金融债支持易地扶贫搬迁的基础上，拓展金融债支持领域。通过政策性和开发性金融机构发行低成本、长周期的专项金融债，支持贫困村生产性基础设施建设、旅游扶贫等新兴特色产业发展。

2. 保险业推出的特惠金融产品

保险扶贫产品呈现全面开花的局面,各地根据自身实际情况推出各有特色、到户到人的保险扶贫产品。模式创新较为突出的有河北省的"政融保""防贫保",宁夏回族自治区的"扶贫保",江西省赣州市的"大病医疗补充保险"和重庆市的"民生保险"等。各地的保险扶贫模式虽然形式各异,但基本上形成保险扶贫的三大产品体系:一是以农业保险、医疗保险、意外保险和财产保险为代表的保险扶贫保障产品体系;二是以保证保险、农业保险保单质押贷款为代表的保险扶贫增信产品体系;三是以保险资金支农融资和直接投资为代表的保险扶贫投资产品体系。

(1) 农业保险。农业保险是支农、惠农、强农的一项重要政策举措,旨在帮助农民转移灾害风险,保障农业产业发展,防止农户因灾致贫、因灾返贫,实现收入稳定。2016—2018年,共备案地方特色农险产品1145个,其中扶贫专属保险产品69个。如河北省阜平县开发成本价格损失险,为贫困农户发展生产提供自然灾害事故和市场价格下跌双重保障,由于有保险兜底,阜平兴起"依靠金融保险扶贫、实现脱贫致富梦想"的创业大潮。安徽省统筹安排资金,通过"以奖代补"方式,鼓励贫困地区开展地方特色农产品保险。

(2) 大病保险。大病保险维护贫困人口的健康权益,切实解决群众因病致贫、因病返贫问题。据统计,全国建档立卡贫困户中,因病致贫的比例达44.1%,是第一大致贫原因。在经办城乡基本医保基础上,保险业发挥市场机制作用,采取保险机构承办大病保险的方式,对贫困人口医疗费用给予进一步保障。云南省昭通市、江西省赣州市等地还为农村建档立卡贫困人口购买补充医疗保险,为扶贫对象提供更高水平医疗保障。原中国保监会会同有关部门,完善大病保险政策制度，加强基本医保、大病保险、商业健康保险、医疗救助、疾病应急救助和社会慈善等衔接，研究探索通过降低贫困人口起付线、提升贫困人口医疗费用报销比例等措施，最大限度地提升对贫困人口的医疗保障水平。

（3）民生保险。民生保险保障和改善民生，兜住贫困群体生产生活风险底线。防范意外伤害风险是当前城乡社会保障制度的一个短板，因意外伤害致贫返贫带来的社会问题十分突出。保险业针对建档立卡贫困人口，开发各类保障适度、保费低廉的小额人身保险，满足贫困户主要劳动力意外伤害、疾病和医疗等保险保障需求。河北省魏县开发的"防贫保"，针对因病、因学、因灾等导致的返贫致贫，提供有效保障。

（4）增信服务。贷款难、贷款贵是贫困地区产业发展面临的突出问题。保险业通过小额贷款保证保险、借款人意外伤害保险、保单质押等方式为贫困户增信，推动信贷资源向贫困地区投放。截至2017年6月，全国已有25个省（区、市）、73个地市开展小额贷款保证保险试点。如浙江省景宁县运用扶贫专项资金，为贫困户统一购买小额贷款保证保险并全额贴费贴息，银行机构凭保单发放免息免担保贷款。中国人保集团用自有资金设立250亿元的资产管理产品，在部分贫困县探索开展"农业保险＋扶贫小额信贷保证保险＋保险资金支农融资"试点，协助贫困人口更便利地获得免担保免抵押、优惠利率的小额资金，打造农村金融保险服务全链条。

（5）组合保险。组合保障贫困户生产生活风险，对贫困户实现保险全覆盖。部分地区探索开展"特惠保"等综合保险产品，进一步提高保障水平和服务能力。如河南省兰考县启动"脱贫路上零风险"保险扶贫项目，向建档立卡贫困户提供农业保险、意外健康险、农业基础设施保险、农房保险、小额贷款保证保险等一揽子保险产品，并对贫困户实行优惠费率。宁夏回族自治区面向贫困人口推出"脱贫保"产品，为贫困人口提供家庭成员意外伤害保险、大病补充医疗保险、借款人意外伤害保险、优势特色产业保险等综合风险保障，实现"扶贫+保险"全覆盖。四川省在少数民族群众聚居的凉山州，向农村群众提供"惠农保"产品，包括自然灾害公众责任险、农村住房保险、农村小额人身意外保险等产品。[①]

3. 证券业推出的特惠金融产品

证券业方面，贯彻精准扶贫精准脱贫基本方略，发挥资本市场行业优势，集聚证监会系统和资本市场主体合力服务国家脱贫攻坚战略，支持贫困地区企业利用多层次资本市场融资，支持和鼓励上市公司、证券基金期货经营机构履行扶贫社会责任，切实加强贫困地区投资者保护。为支持贫困地区产业发展，帮助贫困群众稳定脱贫，对贫困地区企业首次公开发行股票上市、新三板挂牌、发行债券、并购重组等开辟绿色通道。把出台各项政策的出发点和落脚点都定位在帮助贫困群众脱贫上，把各项政策与贫困村、建档立卡贫困户紧密衔接，建立带动贫困人口脱贫挂钩机制。

探索创设扶贫公益股，用产业发展资金投资拟上市企业的原始股权作为扶贫公益股，所获收益全部用于扶贫事业。扶贫公益股的设立，是精准扶贫与资本市场的有机结合，是资本市场扶贫乃至金融扶贫领域的一个重大制度创新，在中国资本市场乃至世界资本市场发展史上都具有重要意义。

---

① 陈文辉. 进一步创新保险扶贫体制机制［J］. 农业发展与金融，2016（11）：14-16.

三、特惠金融服务体系不断优化

一是政策性和开发性银行,包括国家开发银行、中国农业发展银行,分别设立"扶贫金融事业部",发挥骨干力量作用,支持贫困地区易地扶贫搬迁、发展特色产业和基础设施建设。

二是中国农业银行、中国邮政储蓄银行,设立"三农事业部",着力支持扶贫企业带动贫困人口增收脱贫,大力推进扶贫小额信贷业务。

三是大中型商业银行,包括中国工商银行、中国银行、中国建设银行、交通银行,都设立"普惠金融事业部"。

四是股份制商业银行、城市商业银行、农村信用社以及保险证券行业等金融机构不断延伸服务网络,创新金融产品,支持贫困地区。

五是贫困地区村镇银行、小额贷款公司、农民资金互助组织不断壮大,农民合作社信用合作试点有序推进。

六是互联网金融的蓬勃发展,增加特惠金融实现方式,拓宽支付渠道,降低服务成本,增强服务的便利性。

四、特惠金融协作体系日益健全

一是国务院办公厅出台《关于支持贫困县开展统筹整合使用财政涉农资金试点的意见》,解决了"买醋的钱不能打酱油"的问题,为推进财政资金与金融资金融合"松了绑",促进财政扶贫资金与社会资金"双轮"驱动,债券融资与股权融资"双线"操作,直接融资与间接融资有机结合。

二是国家发展改革委、农业农村部、国家能源局以及文旅部等职能部门也相继推出相关产业扶贫规划,积极落实产业扶贫资金,为加大特惠金融投入力度提供良好的宏观政策支持环境。

三是按照省（自治区、直辖市）负总责的要求，各地建立省级扶贫开发投融资主体平台，市、县建立项目承接主体，为加大特惠金融投入提供平台。同时，贫困县风险补偿基金覆盖面不断扩大，政府出资的融资担保机构资金实力增强。

四是发挥基层组织优势，调动村两委、驻村工作队、第一书记工作积极性和主动性，全程参与金融扶贫工作。同时，发挥农村"熟人社会"的人际关系优势，降低交易成本，减少信贷风险，提高金融服务实效。

五是建立多层次的工作联系与合作机制，金融扶贫从"分兵作战"向"联合作战"推进。国家层面，国务院扶贫办和金融监管单位建立定期协商机制，与国家开发银行、中国农业发展银行、中国人保集团、中国人寿集团等机构均建立合作机制。建立信息对接共享机制，逐步搭建金融精准统计体系，扶贫办目前已与中国人民银行、中国银保监会、中国农业发展银行、中国人保集团、中国人寿集团等机构实现数据共享；人民银行的金融扶贫统计体系已初步建立；建立扶贫小额信贷"月统计、月监测、月通报"制度，实现扶贫小额信贷工作管理的精准化。保险业、证券业扶贫统计工作稳步推进。金融扶贫精准统计制度建立后，做到特惠金融扶贫工作心中有数，手中有方。地方层面，省、市、县三级建立金融扶贫工作协调机制，形成政府担任场地服务员，金融监管机构担任裁判员，银行、保险公司、证券公司等金融机构担任运动员的格局。

五、特惠金融服务质量显著提升

1. 融资门槛降低，破解"融资难"问题

在传统金融下，农户小额贷款需要提供担保或抵押。以《中国农业银行农户小额贷款管理办法》为例，要求农户提供的担保方式有保证担保、抵押担保和质押担保。其中，保证担保方式包括法人客户、专业担保公司、农民专业合作社、自然人、多户联保等保证担保；抵押担保方式包括房地产、交通运输工具、大中型农机具等抵押担保；质押担保方式包括贵金属、存单、债券、仓单等质押担保。

在一些基层农业银行贷款实际操作过程中，质押担保方式很少；抵押担保方式由于农户可抵押资产较少，只占1~2成；绝大多数以多户联保方式为主。中国农业银行设置的多户联保条件有：（1）信用等级评定结果为优秀级；（2）建立风险基金等增信机制的农民专业合作社和农行确定的信用村内社员、村民，且信用等级评定结果为良好级（含）以上；（3）与信用等级AAA级（含）以上的大中型企业或信用等级AA级（含）以上的大中型农业产业化企业签订了收购协议，从事订单农业的农户，且信用等级评定结果为良好级（含）以上；（4）从事国家有最低收购保护价的粮食和经济作物种植，且信用等级评定结果为良好级（含）以上。

在特惠金融下，贫困户不需要提供抵押和担保，只要诚实守信，依据"631"评级授信或"721"模式等特别的信用评级方式，就可以被评为信用户，获得贷款资格。特惠金融降低贷款门槛，破解贫困户没有抵押财产和担保人的"贷款难"问题。

另外，在传统金融模式下，借款人的年龄限制最高一般为60周岁，农业银行还规定"借款人申请借款时年龄和借款期限之和最长不超过65周岁（含）"。一些年龄在60~65周岁、有劳动能力、有脱贫意愿的贫困农民及"非恶意黑名单"贫困农民就被排除在贷款对象范围之外。

为了实现有发展意愿的建档立卡贫困户免担保免抵押贷款全覆盖,特别是解决非恶意"黑名单"贫困户贷款风险补偿问题和60～65岁贫困农户贷款资格问题,降低银行放贷风险,盐池县研究出台《建档立卡贫困农户扶贫小额信贷风险补偿基金管理办法(试行)》,整合投入资金5 000万元设立县级风险补偿金,与各涉农金融机构建立风险补偿合作关系,让有发展意愿的建档立卡贫困户能够免抵押免担保地在银行获得贷款,因重大灾难、重大疾病等不可抗因素造成不能偿还贷款的,由风险补偿金和商业银行按照7∶3的比例分担。这样,就把贷款对象扩大到了60～65岁的建档立卡贫困户和"非恶意黑名单"贫困户。

通过这些措施,贫困户获得贷款的机会增加,比率加大。以盐池县为例,"631"评级授信之前,农村信用社对全体农户中的优质客户,即三年内无违约记录,经济收入较好,还款能力较强的农户发放贷款,贷款获得率大概仅有全体农户的20%。"631"评级授信之后,2016年5月,农村信用社对11 288户建档立卡贫困户进行"631"评级授信,有8 720户符合信用户条件,可以获得"富农卡"贷款支持,贷款获得率提高到77.25%。

2. 融资成本降低,破解"融资贵"问题

在传统金融下,贫困户或者难以获得贷款,或者贷款利率需要在同期基准利率基础上进行上浮,融资成本比较高。

在特惠金融下,以扶贫小额信贷为例,融资成本下降50%左右,缓解贫困农户"贷款贵"问题。融资成本主要通过三条途径降低:(1)优惠的定价机制。例如,扶贫小额信贷的基准利率贷款,优惠的农业保险费率等。(2)财政贴息。建档立卡贫困户按期还款后,财政给予贴息,甚至全额贴息。(3)评级授信。通过评级授信给予建档立卡贫困户一定额度的贷款承诺或者信贷额度,随用随借,随时归还,缩短计息时间,降低融资成本。

3. 融资效率提升,破解"融资慢"问题

以湖北省郧阳区为例,针对贫困户贷款手续多、审核门槛高、放款时间长等"融资慢"问题,全面优化办理程序,开启绿色通道,实行一站式服务,做到快审快签。重点压缩贷款流程,把多达13项的贷款流程压缩为4项,采取"四步工作法",把原来长达两个月的放款周期压缩到半个月以内,群众办理一笔贷款由过去至少跑五趟路变为只跑一趟路。

一是集中评级授信。村村成立金融工作站,负责对辖区内贫困户进行全覆盖评级授信,确保每个有需求的贫困户都有机会贷到款。组织全体贫困户参加评级授信会议,做到授信有依据、贷款有项目、全程有监督。

二是集中收集资料。将扶贫小额信贷所需的24件资料统一简化为以"两表一证一卡"为主的13件,由扶贫工作队员负责,入户核实,集中收集填写,然后组织群众进行一次面签,让群众一次办结。

三是集中审验会签。申贷对象资料收集齐全、村评贷委初审后,以村为单位直接报乡镇评贷委和县(区)精准扶贫工作指挥部金融扶贫会签服务平台。区人社局、财政局、扶贫办、人民银行、保险公司、农业银行、农商行、邮储银行和村镇银行抽调专人全天候在区精准扶贫工作指挥部金融扶贫会签服务平台集中办公,即报即签。

四是集中发放贷款。所有审核通过的贷款以村为单位集中发放,确保一周内全部发放到贫困户手中,并在全村和网上公示,接受群众监督。

六、金融资源逆向配置作用显现

在传统金融下,金融活动表现出极强的趋利性,哪里经济发达,机构、产品、资金和服务就涌向哪里,导致贫困地区金融机构少、金融产品匮乏、金融服务较差。在特惠金融政策的引导下,金融机构开始关注贫困地区和贫困人口,金融资源开始向贫困地区回流和逆向配置。

1. 产品机构下沉

受特惠金融政策的引导,金融机构开始在贫困地区增设网点,针对贫困地区和贫困人口特点量身定制特惠金融产品,提供特惠金融服务。截至2019年6月末,全国乡镇银行业金融机构覆盖率为95.65%,行政村基础金融服务覆盖率为99.20%,比2014年末提高8.10个百分点;全国乡镇保险服务覆盖率为95.47%。银行卡助农取款服务点已达82.30万个,多数地区已基本实现村村有服务。

2. 金融资源回流

(1) 银行业的金融资源回流

①扶贫贷款。截至2019年9月末,已在全国1 400多万贫困户中发放了5 800多亿元扶贫小额信贷,近半数的贫困户获得了贷款支持。扶贫开发项目贷款余额4 274.04亿元。全国334个深度贫困县各项贷款余额17 365.89亿元,较年初增长1 274.27亿元,增速7.92%。产业精准扶贫贷款余额1.24万亿元,带动建档立卡贫困人口805万人(次)脱贫发展。

②扶贫再贷款。2016年3月,人民银行设立扶贫再贷款,对全国832个国家级贫困县和411个省级贫困县,实行比支农再贷款更优惠的利率,重点支持带动贫困户就业发展的企业和建档立卡贫困户。

截至2018年末，全国扶贫再贷款余额为1 822亿元，同比增长12.7%。

③金融债。截至2018年6月末，我国累计发行各类扶贫债券超过2 918亿元，其中，中国农业发展银行累计发行扶贫专项债券960亿元，国家开发银行累计发行扶贫专项债券630.38亿元。

（2）证券业的金融资源回流

①资本市场融资。2016年至2018年，证券公司帮助贫困地区企业融资2 026亿元。其中，帮助贫困地区企业首次公开发行股票并上市融资64.70亿元，帮助贫困地区上市公司股票增发融资283.15亿元，帮助贫困地区企业通过全国中小企业股份转让系统股权融资114.31亿元，发行债券（含资产支持证券）融资1 090.54亿元，并购重组融资175.22亿元，设立产业基金65.04亿元，开展私募股权融资66.09亿元，通过资管计划、区域性股权市场等其他方式融资166.68亿元。

②"一司一县"帮扶。2016年8月，证券行业协会发起"一司一县"结对帮扶行动倡议，号召每家证券公司至少结对帮扶一个国家级贫困县。截至2019年5月，101家证券公司结对帮扶283个国家级贫困县，覆盖了全国34%的国家级贫困县。此外，证券公司还持续加大对"三区三州"等深度贫困地区的帮扶力度，已有69家证券公司结对帮扶105个深度贫困地区。

（3）保险业的金融资源回流

2018年，全国农业保险全年实现保费收入572.65亿元，为1.95亿户次农户提供风险保障3.46万亿元，承保粮食作物面积11.12亿亩。涉农小额贷款保证保险实现保费收入4.1亿元，赔付支出8.3亿元，帮助20万农户撬动"三农"融资贷款138亿元。农房保险为

1.4亿多间农房提供风险保障3.6万亿元。开发扶贫专属农业保险产品147个，涉及22个省区的60种农作物。

七、金融生态环境逐步优化

1. "信用是资产"的理念开始植根人心

在特惠金融实践中，一些地区重视农村诚信系统的建设，"信用是资产"的理念开始在贫困户心中植根。

例如，湖南省麻阳县创立了"721"评级授信模式，宁夏回族自治区盐池县创新"631"评级授信和乡、村、组、户"四信评定"系统。这两个地区的评级授信系统创新的成功，也向广大贫困户生动地阐释"信用是资产"的理念。第一，贫困户的信用可以转变成有效资产。银行授信从原来贷款重视家庭资产向"信用资产"倾斜（占比达到60%～70%），松开贫困户抵押担保的"紧箍咒"，成功实现从传统抵押担保向信用贷款的突破和转变，提高信用农户贷款的可获得性，扩大扶贫小额信贷授信覆盖面，有效满足贫困户对发展产业的资金需求。第二，信用资产可以再生资产。贫困农户获得信用贷款后，地方政府引入新型农业经营主体或股份合作制经济组织，为贫困农户提供种子、农药、化肥、技术等，由贫困户去从事种植、养殖产业，如湖南省麻阳县贫困户种植的木耳，宁夏回族自治区盐池县贫困户种植的黄花菜、养殖的滩羊，最后由政府引导的股份合作制经济组织按照保底价格回收，形成"资金跟着穷人走，穷人跟着能人走，能人跟着产业走，产业跟着市场走"产融结合扶贫路径，使贫困户通过富民产业增加资产。

信用资产实现良性循环，营造出诚实守信的信贷环境和社会环境。贫困农户借助无形资产"信用"，获得扶贫小额贷款，通过产业发展增收脱贫，将信用变成有形的财富，从湖南省麻阳县和宁夏回族自治区盐池县的实践看，扶贫小额贷款的逾期率极低。

盐池县还将"四信评定"的范围扩大到社会管理、金融支持和财政支持方面，信用好的个人和集体在入伍、入党、文明户、劳动模范评优评先、安排信贷计划、获得财政贴息扶持政策和工作经费奖励等方面都会有所倾斜，有助于在全社会树立诚实守信的良好风尚。

2. 贫困户的金融意识被唤醒

贫困户属于弱势群体，因思想观念落后、自身能力不足、缺乏发展项目、金融意识不强、担心市场风险及贷款程序烦琐等原因，存在"不愿贷"的想法。以湖北省郧阳区为例，基层政府采取多种措施，激发贫困户的融资需求，变"不愿贷"为"积极贷"，逐步唤醒贫困户的金融意识。

一是引导群众树立自主脱贫意识主动贷。组织341支扶贫工作队驻村入户，召开场院会、贫困群众大会1 000多场次，参会人员达10余万人次，走村入户对接面达100%，向群众灵活宣讲精准扶贫政策，普及扶贫小额信贷政策，重点引导群众在思想观念上实现两个转变，即变要我脱贫为我要脱贫，变等靠脱贫为自主脱贫，激活群众借助扶贫小额信贷等政策摆脱贫困的内生动力。

二是出台配套政策打消群众顾虑放心贷。广泛深入宣传并落实"免抵押、免担保，补贴利息、补贴保险费、补贴信息采集费"等"两免三贴"政策，从根本上解决贫困户关注的贷款成本和办理手续等问题。同时，因地制宜地帮助贫困群众谋划脱贫产业，告诉贫困户愿意发展什么产业项目，银行就支持什么项目。群众生产什么产品，县、乡、村电商公司就帮助群众销售什么产品，并通过全程保险，解除群众的后顾之忧，让群众能放心贷款，大胆用款。

三是主动上门服务激发群众需求快速贷。成立村级金融工作站，把扶贫小额信贷审核权限下放给村支部书记和驻村工作队长，农商行、农行、邮储行、村镇银行四家主办行主动下沉一线上门服务，信贷员下村进一步发掘农户需求，做到根据贫困户的需要快速放贷，让贫困户及时拿到产业发展资金。通过广泛深入引导，激发贫困农民的融资需求，出现争着贷、比着干的局面。

如，过去湖北省郧阳区90%以上的贫困户基本没有与银行打过交道，不愿贷、不敢贷、不会贷，现在60%以上建档立卡贫困户都想贷款。

第六章

特惠金融发展存在的问题

虽然特惠金融在实践探索中取得突破性进展,但供给与需求之间的矛盾依然存在,特惠金融发展仍面临不少困难和挑战。主要是:特惠金融发展不平衡不充分的问题尚未解决,发展的质量和效益还不高,创新能力不够强,一些改革举措还不成熟,还存在不少亟待优化的薄弱环节。这些问题,需要着力加以解决。

第一节 地方政府层面特惠金融发展存在的问题

一、特惠金融发展不平衡不充分

特惠金融益贫性决定其成本高、风险大、利润低的业务特点,追逐利润最大化的商业银行积极性不高,需要政府发挥调节作用。调研发现,各地对特惠金融重要性的认识存在差异,推进特惠金融的工作力度不同,发展进程不平衡不充分。

以特惠金融的主力产品——扶贫小额信贷为例,截至2016年底,全国平均获贷率仅为15.7%;在28个省(区、市)中,低于平均值的有19个,高于平均值的有9个;获贷率最高的宁夏回族自治区为59.2%,最低的只有0.17%,差距超过300倍。

各地贫困状况不同,扶贫难度不同,如果说扶贫小额信贷发放金额和获贷户数两个绝对数指标无法反映扶贫贷款的开展情况,扶贫小额信贷获贷率这个相对比率可以在一定程度上反映扶贫贷款和特惠金融的发展进程。从数据看,获贷率严重低于平均值的省份既有经济发达省份,也有经济落后省份。在全国金融扶贫政策一致的前提下,扶贫小额信贷获贷率的差异基本可以反映地方对金融扶贫工作重视程度。有的地方政府金融意识不强,对金融扶贫认识不到位,不善于利用金融政策工具,开发不出各方满意的金融扶贫产品。

另外,组织保障是发挥政府调节作用的基础,从各地实际情况看,虽然很多地方建立起金融精准扶贫部门联席会议机制,但较为松散,缺乏主动性的部门合作,横向交流少,协调配合少,没有形成工作合力。而且,地方出台的金融扶贫政策中,多是一些宏观上的安排部署,文件内容原则性强,规定性弱,可操作性差。

二、特惠金融风险补偿金机制有待完善

扶贫小额信贷免抵押、免担保,但需要县建风险补偿资金,在扶贫小额信贷发生损失时,按照一定的比例由金融机构和风险补偿金共同承担。因此,建立充裕的风险补偿金是扶贫小额信贷顺利开展的基础。银行贷款规模越大,风险补偿金的需要量就越多。而风险补偿金不足,则会限制银行发放扶贫贷款的额度。

扶贫小额信贷的风险补偿金主要由县级政府统筹,一般来源于整合中央和省级各类财政涉农资金,一些贫困县落实增信政策只能采取变通处理,即在办理扶贫贷款银行的财政存款中指定一定份额为风险

补偿金,协议明确有风险分担和补偿功能,政府承诺不抽离。这种出资不规范的增信资金和风险补偿承诺,使银行面临一定的法律风险,风险补偿能否到位取决于地方政府态度和落实协议决心。在一些地方,这种协议约定的风险补偿金也不是一次到位,而是视银行投放扶贫小额信贷进展逐步补充。如果补充不到位,那些已通过银行和内部审核的扶贫小额信贷也难以投放。风险补偿金的不足,影响扶贫小额信贷的发放进程。

三、特惠金融发展缺乏产业支撑

产业支撑是特惠金融发展的依托。两者之间是皮与毛的关系,皮之不存,毛将焉附。在县级区域,需要以产业扶贫作为主攻方向,制定符合当地实际的产业发展规划,这是县域最终能够得到发展、走出贫困的保障。否则,没有产业的支撑,即使实现了脱贫,也很有可能返贫。一些贫困地区因为缺少适合当地条件的优势产业,缺少扶贫企业或扶贫企业实力不强,专业合作社带动能力差,市场化程度低,银行很难找到带动力强的扶贫经济组织。

第二节 银行业特惠金融发展存在的问题

一、地方法人银行扶贫信贷能力不足

特惠金融的发展与农村金融组织体系的发育有很大关系。目前,我国虽然基本形成包括政策性银行(农业发展银行)、国有商业银行(农业银行等)、合作性金融(农村信用社等)等在内的结构完整的农村金融体系,但因为商业银行的一级法人扁平化管理体制和商业

化经营要求，县级支行内部资金运营管理实行"存款资金上存、贷款资金借入"的双线控制，产品由总行制定，贷款权限大部分上收，信贷审批权限小，强调商业营利性，在地方的服务对象主要集中在大中型企业，对贫困户和扶贫企业涉及较少。同时，农业发展银行支农范围有限制，在融资支持方面的作用未能充分发挥。扶贫贷款的提供方主要是地方法人银行，包括农信社（农商行）、村镇银行等，大量大型商业银行和股份制中小商业银行很少参与进来，远不能满足扶贫贷款的要求。

在湖南省某县，当地扶贫部门测算，要想让一个贫困人口持续脱贫，需要至少投入1万元，全县87 559户建档立卡贫困人口需要8.8亿元左右，再加上基础设施建设，大概需投入30亿元。而县财政一年只能投入1亿元左右，即便加上当地农商行的贷款，缺口仍然巨大。当地农信社（农商行）成为扶贫贷款唯一机构的另一个原因是，人民银行的扶贫再贷款只能由地方法人银行使用，大中型银行不能使用，这就使很多银行认为既然地方法人银行获得了扶贫再贷款就有义务发放扶贫贷款，大中型银行没有获得扶贫再贷款，就可以不参与金融扶贫。

二、银行对扶贫贷款重视程度逐级降低

扶贫工作作为一项政治任务，各商业银行总行高度重视，也采取了各种措施。但基层行更关注上级行考核的营业指标，如存贷比、盈利能力、不良贷款率等，而对不属于优质高盈利的扶贫贷款不感兴趣，不主动参与，甚至有关部门与之接洽业务时，都用各种理由推脱。基层信贷人员对扶贫贷款更是躲避不及，因为银行对信贷员有终身追责要求，不良贷款率不能超过各家银行的规定，信贷员压

力非常大,加之将存款转存总行,存差收益高还不担任何风险,因此不愿开展扶贫贷款业务。

三、特惠金融考核激励机制成效不佳

在金融扶贫推进较慢的地区,还没有制定针对金融部门的考核机制,金融部门的积极性没有调动起来。在金融扶贫开展较好的地区,有的制定了针对金融部门的考核指标,评价金融扶贫工作的进度和效果,以提高金融部门的扶贫积极性。

但这些考核机制有待完善。第一,考核周期与产业周期不一致。金融扶贫工作一般一年考核一次,但扶贫小额信贷的使用周期往往长于一年,扶贫产业见效也有周期性,不会在一年内就有效益。例如,湖南省某县发展红心猕猴桃产业,猕猴桃从种植到挂果需要三年的时间,一年一考核显然效果不好。第二,考核指标逐年上涨,与现实情况不符。为了提高基层政府和金融机构的积极性,考核指标往往是逐渐上涨,重点考核扶贫小额信贷每年的增长率。但随着扶贫工作的开展,贫困人口数量在下降,剩余部分多是没有劳动力的脱贫困难户(兜底户),这部分贫困人口没有劳动能力,没有适合的产业,他们的贷款意愿低,银行也不愿向他们发放贷款,扶贫小额信贷持续增加的可能性较小。

另外,为了激发金融机构参与扶贫的积极性,一些地方建立对金融机构的激励机制,激励主要是现金奖励。例如某县规定,扶贫工作一等奖的金融机构奖励5万元,二等奖奖励3万元,三等奖奖励2万元。显然,这样的奖励更多是精神层面,物质层面的奖励似乎不充分。

四、一些基层银行发放扶贫贷款难符总行合规要求

信用社、农商行等金融机构在地方是法人机构，比较容易与地方政府协调，根据特惠金融业务的特点创新适合的金融产品。而对大中型商业银行来说，地方基层支行没有开发新业务的权限，只能按照总行的业务要求来执行。有些银行为了控制风险，规定基层机构不得开展与总行要求不同的业务，这就使基层支行不敢越雷池半步。同时扶贫项目不管在用途、担保、现金流方面，还是在盈利测算方面，一般都难以符合传统商业贷款的条件，需要商业银行总行在信贷管理上就金融扶贫出台有针对性的规定。

五、风险分担机制亟待建立完善

1. 扶贫贷款风险分担机制不健全

贷款风险分担机制尚不健全。主要体现在以下方面：

一是农业保险发展滞后。农业生产抗风险能力低，农业收入受气候等自然灾害、市场价格波动影响很大，很容易形成信贷风险。完善的农业保险体系对分散农业风险至关重要，然而目前我国农业保险的发展仍然比较滞后，农民的参保意愿低，农业保险服务能力不强，农业保险产品相对不足。

二是农村信用担保体系缺失。有些地区没有政策性或商业性担保机构，担保市场发育不充分，不规范。

三是农村贷款可抵押担保物范围狭窄。按照《物权法》和《担保法》规定，目前集体林权、农户宅基地和土地承包经营权还未能突破现行法律规定直接参与担保抵押，农村土地承包经营权抵押贷款等创新产品局限于试点，加上农村产权交易市场发育不成熟，在

操作上有难度，难以大范围适用。

2. 扶贫贷款风险开始显现

一是贷款用途改变。扶贫贷款的本意是为农民增产增收服务的生产性贷款，但是很多贫困户的困难在医疗、住房、子女教育、婚丧嫁娶等问题上，这就造成有些贫困户将贷款用于解决生活问题，而非生产问题，为日后偿还贷款埋下隐患。

二是扶贫贷款因欠息发生逾期的情况增多。贫困地区多以农业为主，农民的经济收入表现出较强的季节性和周期性，除农产品销售前后，农户大多处于资金紧缺状态。现行的扶贫贷款有的是按季结息，结息时间与农业生产经营周期不匹配，导致部分农户无法在每个结息日都足额偿付利息，从而形成逾期贷款记录。

三是贫困户信用意识不强增加扶贫贷款的还款风险。贫困地区经济发展落后，金融知识不普及，过去都是亲戚朋友之间相互借贷，很多贫困户基本没有和银行打过交道，没有形成按时还本付息的习惯，甚至部分贫困户将扶贫贷款误认为是财政帮扶资金，存在不用还的错误认识。

六、没有现金流的政府平台融资受"政府购买服务"被叫停的影响

贫困地区基础设施贷款，主要由政策性银行（中国农业发展银行）或开发性银行（国家开发银行）提供。政策性银行开展业务的传统模式多通过地方融资平台进行"统贷统还"操作。2014年之后，不少地方政府采用"政府购买"方式对地方融资平台提供资金支持，让政策性或开发性银行得到还款保障。

为了规范地方政府举债，防范地方政府债务风险，财政部在

2017年4月26日和5月28日连续印发《关于进一步规范地方政府举债融资行为的通知》和《关于坚决制止地方以政府购买服务名义违法违规融资的通知》，禁止利用政府购买服务变相融资，重点把工程设施建设类排除在政府购买服务范围之外。

《关于坚决制止地方以政府购买服务名义违法违规融资的通知》规定，"不得将原材料、燃料、设备、产品等货物，以及建筑物和构筑物的新建、改建、扩建及其相关的装修、拆除、修缮等建设工程作为政府购买服务项目""严禁将铁路、公路、机场、通讯、水电煤气，以及教育、科技、医疗卫生、文化、体育等领域的基础设施建设，储备土地前期开发，农田水利建设工程作为政府购买服务项目""不得通过政府购买服务向金融机构、融资租赁公司等非金融机构进行融资"。并且要求财政部门在进行服务购买之前必须先安排预算，这对于贫困地区来说财政难以承受。加之银行业监管机构后续开展了多轮专门针对"政府购买服务"方式进行融资项目的整改专项行动。这样，原来利用融资平台已经在操作的扶贫项目可能面临银行停贷，在建项目面临的停建风险将影响扶贫项目进展。

第三节 保险业特惠金融发展存在的问题

一、保险公司承担信贷风险比例较高

在开展的扶贫贷款保证保险业务中，有的地方担保公司、银行和保险公司分别按照10%、10%和80%的比例承担扶贫小额贷款损失，保险公司承担的风险份额较大。有些地方政府试图利用农业保险经办资格吸引保险公司承办保证保险，认为保险公司可以用农业

保险的经营利润来抵补保证保险的经营亏损。但农业保险和保证保险是两个不同的险种，不能用一个险种的利润去抵补另一个险种的亏损，在保险公司内部不好核算，也不是长久之计。

二、一些保险公司的扶贫保险出现亏损

在实践中，扶贫保险也具有风险性，可能发生超额赔付。以河北省阜平县为例，2015年，农业保险保费收入1 025.77万元，保险赔款1 357.16万元，简单赔付率为132.31%；2016年农业保险保费2 794.46万元，保险赔款3 083.77万元，简单赔付率为110.35%。再以宁夏回族自治区盐池县为例，2016年，中国人保财险公司和中国人寿两家扶贫保险承办机构共收入保费1 415万元，共支付赔款2 163万元，简单赔付率为152.86%。保险公司是以营利为经营目的的商业性公司，虽然扶贫工作强调担当社会责任，但是如果扶贫保险经常亏损，势必会影响保险公司开办扶贫保险的积极性和保险扶贫工作的可持续性。

三、部分扶贫保险产品定价缺乏精算支撑

目前，扶贫保险基本由地方政府组织开发统颁条款，定价过程缺乏专业的精算支撑，主要依据地方财政补贴能力、贫困农户支付能力和经验评估来敲定保险费率。政府统颁条款费率厘定缺乏精算支撑，造成部分省份费率严重偏离风险水平，保险经营基本是常年持平、丰年略余、灾年有亏。例如，2016年宁夏回族自治区盐池县"扶贫保"系列产品试行阶段，由保险公司和政府对保险价格进行协商，年底核算各项产品收益，按照保本、微利原则进行考核评估。若保费较高，下一年可适度降低保费，反之亦然。前期保费和保额

的确定过程并无精确的计算,准确度不高。在指数保险中,倘若价格监测体系不完善则很难进行理赔。对于农户遭受的损失情况及市场价格信息,通常由农调队统一进行测算,进而确定理赔方案。但农调队的价格监测成本普遍较高,且存在价格监测体系不完善、监测频率较低、抽样方法不严密等缺陷。2016年,中国人保公司盐池支公司扶贫保险保费收入为702万元,赔款1 253万元,简单赔付率为178.49%,亏损比较严重。

四、扶贫保险运营的信息支持不足

开展保险扶贫,需要强化信息基础设施建设。但就目前的发展情况而言,在保险产品开发、定价、实施等阶段,都存在信息支持相对短缺的问题,保险公司获取信息通常需要付出较高的成本。在承保过程中,保险公司通常不会派员工去村里记录村民的产业,缺乏有效的产业信息。农业保险具有政策属性,需要具备一定的投保条件,在承保前必须验标,但目前的信息体系不健全,难以达到检验标准。另外,保险运行需要依托协保员,协保员通常是村干部。目前缺乏有效的激励措施调动村干部为保险公司服务的积极性,因而难以解决保险公司在理赔、宣传等方面的信息不足问题。[①]

五、基层的保费补贴负担较重

发展特色产业是解决有劳动能力贫困人口脱贫问题的根本途径。在各地的保险扶贫产品中,特色农产品保险也是重中之重,一般都由县财政补贴一部分或全部的保费。例如,在河北省阜平县,县财

---

① 崔怡,朱杰. 普惠性小额保险的精准特惠——基于宁夏盐池县"扶贫保"的案例分析 [J]. 金融理论探索,2017(4):61-68.

政承担特色农业保险产品60%的保费补贴；在宁夏回族自治区盐池县，对于建档立卡贫困户自负部分的扶贫保险保费，全部由财政承担。

随着产业规模逐步扩大，阜平县财政特色险种的保费补贴负担将越来越重。2015年，阜平县财政承担的农业保险保费补贴为391万元；2016年猛增到2 100万元左右；预计到2020年可能达到5 000万元左右，而2016年阜平县财政预算收入为3.28亿元，负担偏重。

在扶贫保险产品中，基层政府承担很多保险成本，有些甚至与保险公司"联办共保"共同推进，这容易形成基层政府负债风险。例如，在阜平县的"政保联办"农业保险项目中，县政府和保险公司按照5:5的比例分担保险赔偿责任。只要不出现巨灾，政府基本不会赔钱。但是在巨灾年份，政府可能难以负担。2016年，阜平县农业保险的保额是13.7亿元，按5:5分担比例来算县政府需要承担大概6.85亿元的保障责任。相对阜平县的财政收入而言，潜在负债风险偏大。

第四节 证券业特惠金融发展存在的问题

一、资本市场扶贫资源配置功能有待加强

资本市场的发展程度是一个地区经济状况的集中体现，发达的资本市场是区域经济实力的重要标志，上市公司的数量和质量则代表资本市场的发展程度和发展水平。

2016年9月9日，中国证监会发布《关于发挥资本市场作用服务国家脱贫攻坚战略的意见》，提出支持贫困地区企业利用多层次资

本市场融资，要求充分发挥资本市场的资源配置功能，利用不同层次的资本市场为贫困地区企业服务，增强贫困地区产业发展的造血功能。

随着证监会脱贫攻坚战略的发布，证券行业参与金融扶贫的工作逐渐增加。但是由于参与时间较短，融资规模较小，与贫困地区大量的融资需求差距还较大。另外，贫困地区行业发展不平衡，企业在行业分布、地区分布方面也不尽合理，大多数企业只注重利用本地现有资源，高新技术行业参与较少，企业带贫减贫的潜力还有待进一步挖掘。

二、贫困地区企业难以达到上市标准

虽然"IPO绿色通道"对贫困地区企业上市有优惠政策，但贫困地区优质企业数量较少，企业经营性资产缺乏，公司盈利能力较低，能够达到上市条件并通过审核的企业更是凤毛麟角，主要依赖银行渠道融资，融资模式落后。同时，贫困地区企业对资本市场缺乏深层次了解，对企业上市的战略意义认识不足，缺乏冲击资本市场的信心和勇气。

截至2019年5月底，贫困地区13家企业通过绿色通道上市，募集资金74亿元。贫困地区上市公司的数量总体偏少，部分上市公司的运行质量不高，资本市场的发育程度较低。另外，贫困县超过一半地区地理位置偏僻，基础设施配套不足，在这些地区将企业办好并达到上市标准难度较大。

三、贫困地区资本市场服务体系不够完善

从金融供给角度来说，专门负责企业上市的协调服务机构一般

都在省会城市,下沉到贫困县的不多,贫困县的企业缺乏专门的上市策划和辅导服务。从金融需求角度来说,由于资本市场的专业性很强,大部分贫困县的领导干部发展经济依然停留在招商引资的传统做法层面,对于如何运用资本市场发展经济处于懵懂状态。贫困县的企业管理者认为上市融资不敢奢望,即使有想法也不知如何运作。因此,由于缺乏专业的引导、辅导和策划,贫困地区对资本市场融资的需求还未充分挖掘,资本市场在贫困地区的融资功能和产业带动效应还没有充分发挥。

四、贫困地区对融资工具利用不充分且精准度不高

贫困地区大多以农业为支柱产业,金融扶贫注重解决资金问题,以向贫困户发放扶贫小额信贷为主,导致各地金融扶贫工作差别不大,特色不显著。例如,扶贫债券具有注册发行便捷、融资资金规模较大、发行利率较低的特点,可以作为一种市场化、透明化的直接融资方式支持金融扶贫,但各地对扶贫债券的利用并不充分,融资手段过于单一。

贫困地区的金融资源不同,金融基础设施存在较大差异。贫困户和企业对于资金的需求量不同,对使用期限和具体形式也存在较大差别,金融机构没有根据地区特点和需求设计扶贫融资产品,导致各地扶贫融资产品存在一定的同质性,无法充分满足贫困户和扶贫企业的融资需求。例如,扶贫金融债的期限一般只有3年期和5年期两种,市场化融资期限较短,而扶贫资金需求时间较长,两者之间存在期限不匹配现象,加大流动性风险和期限错配风险,影响扶贫工作的效率。

五、基金期货经营机构的专业作用发挥不够

基金业和期货业都是金融体系的重要组成部分,是金融体系服务实体经济发展的重要力量,因此基金期货经营机构应该积极参与扶贫事业,在国家脱贫攻坚战略中出力担责。但在扶贫工作中,期货公司和基金公司的定位仍在探索中,从组织架构上来讲,没有形成健全的多层次结构,从扶贫业务来看,只是简单的帮扶,还没有充分利用基金期货产品的优势来开展扶贫工作,基金期货行业的专业优势没有充分发挥。近两年来,期货市场开发了苹果、红枣期货,以及棉花、玉米、天然橡胶等5个涉农期货期权品种;2016—2018年"保险+期货"累计投入3.3亿元;推动期货行业扶贫累计投入3.4亿元。期货、期权工具的积极作用在贫困地区需要进一步发挥。

第七章

创新发展特惠金融的对策建议

针对特惠金融实践中存在的不平衡不充分发展的问题,本章将从中央部门和地方的组织层面、金融业监管层面、金融机构经营层面,多条块、多视野、多角度地提出相应的对策建议。

第一节 中央部门层面特惠金融创新发展的对策建议

一、完善特惠金融政策设计

实施特惠金融最关键之处在于政策的顶层设计。考虑我国现行金融运行体制机制因素,如决策权集中于总部、资源较多配置于东部、考核偏重于盈利和风险防控,在特惠金融政策设计上需要打破路径依赖,创新推出适应脱贫攻坚需要的超常过硬支持政策。具体讲,货币政策要有针对性的工具支持和制度安排。金融监管要有明确的倾斜性制度设计,包括银行业差异化考核和尽职免责,保险业承保和理赔的特殊安排和绿色通道,证券业对贫困地区企业在资本市场融资的特惠支持;财税部门在金融机构贷款贴息、税费减免、不良核销等方面予以优惠;产业部门在贫困地区产业发展规划、资金投入和项目布局方面予以支持。

二、凝聚特惠金融政策合力

一方面,建立沟通协作机制,特惠金融如何实现商业可持续是当前面临的一大难题,一些金融机构觉得风险高、收益少、困难多,不愿做"貌似亏本"的买卖,需建立跨部门、跨行业、跨区域的政银协作机制。通过政府的有效调节,解决金融市场体系不完善、市场规则不统一、市场秩序不规范、市场竞争不充分等市场发育滞后问题。

另一方面,厘清各方责任,划清政府部门和金融机构的界线,形成行政化与市场化相互促进的"乘数效应"。政府部门编制完善扶贫规划,通过多种政策引导,鼓励金融机构开展特惠金融服务,建立特惠金融的风险防范和补偿机制,组织动员相关方面积极参与,消除金融机构的顾虑。金融机构以保本微利为基础,突出社会责任,实现财务绩效和社会绩效相平衡。

三、提升特惠金融政策效果

一是加强金融部门与其他职能部门的信息共享,建立协作机制,定期开展工作交流,减少信息不对称,提高特惠金融精准度,降低信贷风险,防止政策执行走偏。

二是加强过程监管,建立覆盖特惠金融服务前、服务中、服务后全过程监管机制,前期侧重帮助贫困地区、贫困人口制定规划、选准增收发展路径;中期帮助提供技术服务、提升贫困对象自我发展能力;后期开展市场服务,确保实现精准扶贫、精准脱贫。

三是从严督查考核,把工作责任、目标任务、具体要求落实到单位人头上、时间节点上，确保各项工作安排部署落到实处、见到实效。加强特惠金融脱贫考核评估，强化考核评估结果运用，建立激励约束机制。

四是建立金融扶贫工作预警系统，及时预测、研判金融风险，加强风险前置管控，切实防范金融风险。

四、营造特惠金融生态环境

提升金融基础服务水平，加强基层服务网点建设，通过在贫困村布放设施机具，发展互联网支付、存储等方式，做到基础金融服务不出村，综合金融服务不出镇，有效解决贫困户的基础金融服务滞后问题。加大特惠金融扶贫政策宣传力度，增强金融扶贫政策认同感。加强信用体系建设，培育贫困人口诚信意识，拓宽征信系统使用范围，构建信用约束机制，培育贫困地区良好金融生态环境。

第二节 地方层面特惠金融创新发展的对策建议

一、提高特惠金融参与度

贫困地区地方政府要高度重视金融扶贫工作，把特惠金融工作作为实现精准扶贫的重要手段。全面建成小康社会是党对全国人民的庄严承诺，到2020年完成脱贫攻坚是各级政府的政治任务。贫困县县级政府必须主动作为，按照精准扶贫的要求制定产业发展规划，根据贫困户的具体情况探索不同的扶贫模式，提高贫困人口的脱贫能力；落实金融扶贫政策，鼓励金融机构创新金融产品，为金融机构设立各种风险防范措施，解决金融机构的后顾之忧。

驻村扶贫干部、第一书记、大学生村官，发挥自己的聪明才智，利用自己了解贫困村情况的优势，与贫困户共同谋划脱贫产业，设计脱贫模式，联系金融机构，为银行开展特惠金融业务做好基础工作。

"扶贫先扶志，扶贫必扶智"，帮助贫困人口开拓眼界、开阔思路，改变贫困人口"穷怕了，不敢想；穷惯了，等靠要"的思维，推动他们与政府共同努力，主动改变、主动参与，积极寻找脱贫渠道，主动利用金融工具，早日实现脱贫目标。

二、加强特惠金融发展的组织保障

特惠金融发展需要加强组织保障。在地方上，统筹规划金融工作的是金融办和人民银行分支机构，支持金融活动的资金掌握在财政部门，具体扶贫工作又在扶贫部门，另外还会涉及工商、农业农村、林业、畜牧、商业、科技等部门；金融机构还有涉及纵向管理的人民银行、银保监局等。这么多部门在一起，如果单纯依靠扶贫部门去协调同级各部门，很容易出现踢皮球、扯皮等现象，可考虑建立领导小组工作机制，统筹金融扶贫工作。

省级层面，可建立由分管领导担任组长的"特惠金融扶贫工作小组"，在县一级建立"特惠金融办公室"，在乡设立"特惠金融服务中心"，在村建立"特惠金融服务站"。

省级工作小组负责制定全省的特惠金融政策，协调各部门和金融机构，出台符合当地实际、能产生实效的金融扶贫举措。县级特惠金融办公室负责出台办法，让省级政策能够真正落地，与金融机构签订协议，组织具体的扶贫项目，协调凝聚各部门的力量和资源，形成金融支持精准扶贫的工作合力。乡服务中心负责政策宣传，落实县金融扶贫办公室和乡镇党委政府关于金融扶贫的各项部署和要求,指导各村开展收集整理金融扶贫资料和归档等工作。村服务站负责组织开展信用村建设,协助金融机构健全贫困户信用档案,做好贫困户和金融机构之间的沟通工作,建立本村贫困户金融服务档案,帮助贫困户发展扶贫产业,做好评级授信、贷款发放、贴息等工作,做好信息公示、协助清收贷款,宣传金融政策等工作。

三、多途径筹集长期扶贫资金

改善贫困地区基础设施是贫困地区脱贫的基础,所需资金量大,周期长,因此需要多途径筹集长期扶贫资金。

第一,把扶贫长期资金需求纳入地方政府债券支持范围。按照地方债务显性化的要求,在地方扶贫融资平台融资功能受限后,脱贫攻坚需要的长期资金可以通过发行地方政府债券解决,各省应该及早做好规划,根据脱贫进度和具体需要,把这部分资金需求纳入地方政府债券发行预算,并保证专款专用。

第二,地方政府要积极谋划扶贫基础设施建设PPP项目,吸引民间资本进入。PPP项目融资模式是政府为进行扶贫基础设施建设,以特许经营权协议明确双方权利和义务,与民间资本建立一种长期合作关系,以确保项目顺利完成。政府在严格控制规划的前提下,鼓励与吸纳社会各类资金参与,可用于急需建设而政府又无力投资建设的扶贫基础设施项目。政府在确定项目立项后,通过招标选择合适的民营企业作为合作方,进行特许经营权谈判,组建项目公司负责项目的建设和营运。PPP项目融资通常以项目公司为主体,利用多种方式进行融资,主要资金来源包括项目发起人提供的股本,金融机构提供的贷款、发行公司债券等方式募集的资金等。

四、在东西部协作框架下开展金融扶贫

东西部扶贫协作作为中国特色贫困治理体系的制度创新,已经成为推动区域协调发展、协同发展、共同发展的关键举措,同时也成为实现先富帮后富,最终实现共同富裕目标的关键路径。东西部扶贫协作发挥东西部地理区位优势、人力资本优势、产业结构优势,构建"优势互补、互惠互利、长期合作、共同发展"的格局。

例如,近年来国家开发银行广西分行全力为广西壮族自治区打赢打好脱贫攻坚战提供融资和融智服务,以开展东西部协作为载体,与国开行广东分行和深圳分行一道,积极支持广西重大项目建设。如支持巴马开展土地增减挂钩结余指标流转;支持广西梧州至贵港公路项目;支持大藤峡水利枢纽工程项目,打造西电东送通道;支持建设广西海吉星农产品国际物流中心(一期)项目,惠及百色、河池等多个贫困市县;通过银团合作与深圳分行共同支持广西防城港核电项目建设等。据统计,截至 2018 年 6 月末,国家开发银行广西分行精准扶贫贷款项目 352 个,累计发放扶贫贷款 1 245 亿元,贷款余额 1 002 亿元,位居区内同业第一,业务已实现全区贫困县 100% 覆盖。①

五、加强贫困地区信用生态环境建设

开展信用乡(镇)、信用村、信用户评选活动,对信用户在入伍参军、入党、评选文明户、劳动模范评优等方面优先推荐;金融机构在安排信贷计划时,优先考虑信用户、信用村、信用乡镇,并给

---

① 周红梅. 东西部金融为媒推进扶贫协作 [N]. 广西日报, 2018 - 08 - 16.

予贷款优先、利率优惠、额度放宽的奖励。

把扶贫小额信贷、金融生态环境建设纳入对乡镇的年度绩效考核体系，考核结果作为单位评先评优的重要依据。乡村两级协助银行清收扶贫小额信贷。

完善贫困户征信体系，建设农村信用信息平台，建立贫困户信用信息共享机制，打造良好金融生态环境。

组织金融机构宣传金融知识。普及存贷款、支付结算、金融IC卡、消费者权益保护等知识。基层机构积极开办"金融夜校"，结合农户作息规律，抽调业务骨干，逐乡、逐村宣传金融知识。

第三节 银行业特惠金融创新发展的对策建议

一、依托金融创新推动产业发展

贫困地区要始终坚持走依托金融创新推动产业发展，依靠产业发展促进贫困群众增收脱贫的道路，坚持从"输血式"扶贫模式转变为"造血式"扶贫模式。按照"资金跟着穷人走、穷人跟着能人企业走、能人企业跟着产业走、产业跟着市场走"的思路，引进扶贫龙头企业，选准产业经营模式，建立贫困户与扶贫龙头企业紧密的利益联结机制，发挥龙头企业的带贫益贫作用，让贫困户以多种方式参与生产，多渠道脱贫。

1. "金融+股份合作制经济组织带动"模式

这是金融扶贫最常见的模式，包括"银行+企业+贫困户""银行+合作社+贫困户""银行+企业+合作社+贫困户"等多种模式，由企业或合作社为借款人向银行申请贷款，政府给予贷款贴息，要求这些新型农村经济组织通过适当形式完成带动一定数量农户脱贫的任务。如雇用贫困户作为企业员工，或以保护价收购贫困户产品，实行"订单式"种养等。这样，企业不但降低信贷成本，也有稳定的优质农产品来源，贫困户也不用担心产品的销路和亏本，从而实现互利共赢。

2. "金融+生态扶贫"模式

生态扶贫是生态发展与扶贫开发的有机结合。贫困地区一般自然生态环境良好，在脱贫过程中保证生态环境不恶化，甚至得到提升，体现脱贫攻坚和生态文明建设的双赢。具体项目可以有旅游扶贫、生态农业扶贫、碳汇造林扶贫等。

在有旅游开发价值的贫困地区，农发行或商业银行可以向承担旅游扶贫项目开发的公司发放基础设施建设贷款，改善旅游基础环境，吸引更多游客，让贫困户有更大收益。农户也可以利用扶贫小额信贷，发展"农家乐"、商品售卖点，实现增收脱贫。

碳汇造林是通过种树，把树木生长过程中的固碳量出售给有减排需求的企业和个人，实现碳汇交易收入。贫困户可以使用扶贫贷款，利用自有的山场地，也可以在村集体组织下，通过流转、转让、入股等方式，利用扶贫贷款经营碳汇造林项目。树木成材前可以卖"空气"，成材后可以卖木材。

3. 电商扶贫模式

在一些贫困地区，因为生产方式比较原始，农产品质量好，但因为缺少销路导致农产品优质不优价，农民增产不增收。发展农村电子商务为贫困地区商品低成本进入大市场提供了机会。但贫困地区发展电子商务，除面临通讯设施和电商人才不足的问题外，还面临金融服务不足的问题。基层金融机构需要提高对贫困地区的金融服务水平，在贫困村投放金融机具，选择适当的商户设置"惠农金融服务站点"，开发满足贫困地区电子商务发展需求的网上支付、手机支付等新产品，对电商从业人员进行网络金融知识指导和培训等。有能力的贫困人口也可以利用扶贫贷款开办网店。

二、推行"主办银行制"

主办银行制就是由某家银行作为主要责任银行承担一个乡镇或部分产业、或部分模式的金融扶贫业务。

参与扶贫既是金融机构履行社会责任、实现社会效益的过程，也是培育客户的过程。贫困户实现脱贫，地方经济会有长足发展，客户质量提升，银行与客户建立长期合作关系，未来银行的经济效益也能实现。在贫困地区推行主办银行制，给予主办银行一个相对较长的优惠期，可以稳定银行预期，提高参与扶贫的积极性。

各商业银行都应该把扶贫作为自己服务地方经济的一项重要任务，在开展扶贫小额信贷等普惠金融实践中，在总行层面设计适合贫困地区、贫困人口的贷款产品，鼓励自己的分支机构参与地方金融扶贫。允许基层机构根据当地情况进行金融创新，适当下放信贷权限，经总行授权后实行。

三、创新贷款信用评级指标体系

虽然扶贫小额信贷免抵押、免担保，但银行还是有自己的评级流程，只有银行认为贷款安全、符合评级要求的才会批准贷款和决定贷多少。按照传统的贷款评级授信要求，银行更加重视有形的资产、收入等，显然贫困户在这些方面不具优势，所以贫困户的贷款获批率较低。各地在发展特惠金融时，可借鉴麻阳县"721"模式和盐池县"631"评级授信体系，创新既适合贫困人群又保障银行安全的信用评级指标体系。

1. 提高诚信在信用评级体系中的权重

银行收回贷款，有两个问题绕不开，一是借款人的诚信，即"我想还"，二是借款人的能力，即"我能还"。在传统的银行贷款评级授信指标体系中，对诚信赋予的权重比较小，对借款人的资产和收入情况赋予的权重比较大。如果借款人的诚信出现问题，逃废银行债务的办法很多，银行难以收回到期贷款。所以借款人诚信才是贷款安全的基石。银行可以提高无形资产——诚信指标的权重，提高诚信在评价体系中的占比，例如麻阳县提高到70%，盐池县提高到60%，这样贫困户的授信面可提升到90%以上。

2. 充分利用农村社会熟人机制

虽然我国已经建立征信体系，但对农村，尤其是贫困地区的信用信息采集还不到位。然而，农村有一个天然的信息优势——熟人社会，村民之间祖祖辈辈在一起，相互非常了解，能对贫困户的诚信状况作出充分评价。可以借鉴麻阳县经验，银行在村里采集诚信信息时，设立由德高望重的"五老代表"（老党员、老模范、老军人、老干部、老农民）、村两委班子、驻村扶贫人员等组成的"村民诚信评价委员会"，并设立一定的激励机制，例如，如果推荐的贫困户偿还贷款率达到100%，可以给予评价委员会一定的经济奖励。

3. 推动信用评级结果共用共享

贫困户在不同时期不同阶段有不同的金融需求，涉及不同的金融机构。推动贫困户信用评级结果在不同金融机构之间共用，可以有效节约放贷成本，降低放贷风险。借鉴盐池县"四信评定"的做法，由人民银行牵头，各金融机构共同参与，建立合理的农户信用评价指标体系，对所有农户（包括贫困户和非贫困户）统一评级，评级结果各金融机构共同使用，向符合条件的家庭和集体颁发信用户、信用组、信用村、信用乡（镇）证书，并在利率优惠、额度控制以及各种社会事项办理中给予优惠激励。

四、建立健全评价激励约束机制

政府部门和金融监管机构应建立专门的特惠金融监管评价制度，注重考评金融机构的社会效益而非经济效益，为支持扶贫工作的金融机构和信贷人员松绑；建立特惠金融激励约束制度，提高金融机构积极参与扶贫的责任感、使命感和紧迫感。

1. 制定专门的特惠金融监管评价机制

金融监管机构和上级金融机构应该充分考虑特惠金融业务的特点，将其与传统金融业务区别对待，单独统计、单独监管、单独考核。对特惠金融业务的监管与考核，应侧重社会效益和扶贫成效，兼顾经济效益和风险防控。提高扶贫贷款不良率的容忍度，科学划定基层信贷员的责任，对不是因为个人违规放贷而造成的贷款损失，实行尽职免责，给基层银行和员工的扶贫工作松绑降压。《中国银监会办公厅关于做好 2018 年三农和扶贫金融服务工作的通知》提出，完善差异化监管政策，涉农贷款、精准扶贫贷款不良率高出自身各项贷款不良率年度目标 2 个百分点（含）以内的，可不作为银行内部考核评价的扣分因素，并要求各银行业金融机构制定和完善涉农、扶贫金融服务尽职免责制度。

2. 建立健全对金融机构扶贫工作的激励约束机制

建立健全针对商业银行省分行、地方商业银行（信用社）总行的扶贫工作评价机制，可以由省金融办主导，扶贫办、人民银行和银保监局具体评价。评价指标体系可以由以下几个方面组成：（1）是否制定开展金融扶贫工作的总体安排和具体工作方案，执行效果如何；（2）帮助贫困地区确定扶贫产业是否得到当地政府和群众的认可；（3）筛选和扶持扶贫带动企业的措施如何；（4）是否制定一户一策的金融扶贫方案，组织实施和跟踪问效的结果如何；（5）金融扶贫产品、金融扶贫政策的宣传效果如何；（6）协助贫困地区政府在落实金融扶贫主体、建立金融服务体系、设立资金池、控制信贷风险、增加机构、强化创业服务、完善信用体系等方面的工作如何；（7）金融扶贫模式落地和实施的效果如何；等等。

积极运用金融机构扶贫工作的评价结果，政府对考核结果优良的金融机构要公开宣传，提高银行在地方的美誉度，在依法合规的前提下，对其业务开展方面给予一定倾斜。例如，建立财政资金与扶贫贷款增减挂钩制度，对扶贫贷款增量大的银行，财政部门给予农业财政存款，贷得越多，存得越多，实行财政存款激励制度。对考核结果较差的金融机构，金融监管部门要通过通报批评、约谈高管人员等方式进行约束。

五、优化扶贫再贷款管理

1. 建立精准信贷机制，摸清有效需求

人民银行中心支行围绕"精准扶贫、精准脱贫"的基本方略，按照省负总责的扶贫开发管理体制，会同相关部门制定扶贫再贷款资金精准使用管理办法，加强工作指导、综合协调、督促检查和考核评估。市级、县级人民银行摸清辖区法人银行机构和扶贫企业的基本情况，掌握有效信贷需求和带动建档立卡贫困户情况，帮助扶贫企业制订产业发展计划、扶贫贷款项目和资金规划，做好扶贫企业申请扶贫贷款的指导和服务工作。

2. 建立精准挂钩机制，明确带动标准

各级扶贫部门对扶贫企业申请享受扶贫再贷款优惠政策的扶贫贷款进行贷前资格认定。根据扶贫企业行业、产业和项目等特点，设定扶贫企业申请扶贫贷款与带动建档立卡贫困户情况挂钩的标准，明确申请扶贫贷款与直接带动贫困人口创业就业、带动建档立卡贫困户发展生产等指标挂钩的具体要求，设定一定比例或一定数量的带动贫困人口脱贫指标。具体标准、比例、数量由各省（区、市）扶贫办与人民银行和银行机构根据当地情况商定，报省（区、市）扶贫开发领导小组审定后执行。

3. 建立工作联系机制，加强信息对接

各级扶贫部门与当地相关部门、人民银行、银行机构等建立金融扶贫信贷需求信息、扶贫企业信息、扶贫贷款项目库信息、建档立卡贫困户信息和精准扶贫贷款信息统计交流共享机制。县级扶贫部门将通过认定的扶贫企业及项目贷款信息录入扶贫贷款项目库，对其贷款申请出具审核意见，并盖章确认；通过信息共享机制，将扶贫贷款项目库信息和审核情况通知金融机构。金融机构根据自身信贷业务管理要求，对当地扶贫部门审核通过的扶贫企业进行自主审贷、择优放贷。各级扶贫部门牵头建立常态化工作联系机制，会同相关部门和金融机构按月定期开展统计分析和工作调度。人民银行中心支行于每月汇总上报辖区使用扶贫再贷款发放扶贫贷款、带动建档立卡贫困户就业增收的情况。

4. 建立监测评估机制，实施正向激励

各级扶贫部门要配合当地人民银行做好扶贫再贷款政策落实情况的监测评估工作。监测评估内容主要包括扶贫再贷款资金的投向、用途、利率和金额等是否符合规定，贷款扶贫企业带动建档立卡贫困户脱贫挂钩机制是否有效落实，带动成效是否明显等。对于带动效果显著的扶贫企业，加大支持力度，并可给予适当贴息政策激励；对于带动要求没有落实或落实不到位的扶贫企业，及时督促指导，并视情况给予相应约束。

六、降低扶贫贷款风险

1. 强化申请阶段风险防控

第一，选择信用良好、有创业积极性和技能的建档立卡贫困户给予支持；第二，选择符合当地产业发展规划、市场需求和借款人家庭实际的借款项目；第三，根据建档立卡贫困户的意愿、生产周期、收益状况和还款能力等因素合理确定贷款额度和期限；第四，建立保险分担机制、风险补偿机制等，降低扶贫小额信贷风险。

2. 强化使用阶段风险防控

第一，监督借款贫困户按照借款合同约定的用途使用贷款，定期开展扶贫小额信贷专项检查，发现问题及时整改；第二，为借款贫困户提供有针对性的技术援助和技术服务，帮助借款贫困户防范产业发展中的技术风险；第三，鼓励和引导新型经营主体与贫困户签订订单合同，解决贫困户产品销售的后顾之忧；第四，及时拨付贴息资金，防止因贴息不及时形成新的不良贷款。

3. 强化偿还阶段风险防控

第一，加强信用教育，帮助贫困户树立"有贷有还，再贷不难""家贫志不贫"的信用理念；第二，加强扶贫小额信贷到期催收工作力度，及时追偿不良贷款，依法打击恶意逃废债行为；第三，建立风险补偿金代偿机制，加强、规范小额贷款风险补偿专项资金的管理；第四，建立分类处置机制，对风险可控的、到期不能还款的贫困户，可适当为其办理展期、续贷；对已脱贫退出的贫困户，在攻坚期内保持扶贫小额信贷政策不变；因错评被清退的建档立卡户，不再享受扶贫小额信贷政策。

4. 强化考核阶段风险防控

第一，严把客户准入，坚决杜绝为了完成考核任务盲目发放扶贫小额贷款；第二，严格监控扶贫信贷资金的使用，防止形成风险隐患；第三，灵活应用扶贫贷款尽职免责办法，既要合理提高不良容忍度，鼓励扶贫贷款增长，又要防止把尽职免责当作"挡箭牌"，不计风险盲目进行贷款授信或违规发放贷款。

第四节　保险业特惠金融创新发展的对策建议

一、优化"政银企户保"模式的风险分担

针对"政银企户保"模式中，地方政府将扶贫贷款保证保险和农业保险准入连带、保险公司承担的信贷损失补偿比例较高、可能会影响保险公司发展扶贫贷款保证保险积极性的问题，建议从两方面进行完善：第一，割断农业保险和扶贫贷款保证保险的准入连带关系，农业保险和扶贫贷款保证保险是两个相互独立的险种，地方政府不能以承保扶贫贷款保证保险作为保险公司开办农业保险的资格条件，更不能用农业保险的利润补偿扶贫贷款保证保险的损失；第二，合理划分担保公司、银行和保险公司承担贷款损失的比例，适当提高银行和担保公司的承担比例，降低保险公司的承担比例，以保证保险公司的承办积极性及可持续性。

二、强化扶贫保险产品定价的精算支撑

在扶贫保险产品研发过程中，地方政府应防止过度强调费率的特惠性，在充分体现政府扶贫政策意图的同时，充分发挥保险公司产品研发、费率精算和风险管控等方面的专业优势，赋予保险公司产品开发和产品定价的话语权，强化扶贫保险的精算支撑，提高费率厘定的精准性和科学性，保证扶贫保险经营的稳定性和可持续性。

三、加强扶贫保险信息支持

一方面，建立扶贫保险信息共享机制。农业农村、林业、气象、土地、水利等涉农部门和相关政府部门对保险经办机构开放相关扶贫数据信息，同时农业保险经办机构也应为政府部门提供承保数据、受灾地域、灾害强度、灾害损失等保险数据信息，逐步建立全国统一的扶贫保险数据信息共享平台，使政府相关部门、保险监管机构和扶贫保险经办机构等参与主体实现信息资源共享，提高经营管理水平和效率。

另一方面，借鉴地方"农业保险+就业"的保险扶贫模式，将建档立卡贫困户聘请为助理协保员和宣传员，为其支付合理的劳务费，既实现就业精准扶贫，又可利用农村熟人社会机制为保险公司提供比较可靠的保险信息。

四、降低扶贫保险的县级财政负担

针对县级财政财力较弱，但在扶贫保险中保费补贴负担较重的问题，可以从两个方面着手解决：一是加大省级财政在扶贫保险中的补贴比例；二是省级财政可以对扶贫保险实施奖补政策。例如，2016年7月，河北省财政厅、河北保监局印发了《关于开展特色农

业保险保费财政奖补试点实施办法的通知》，规定自2016年7月1日起省级财政将对国家级和省级贫困县、民族自治县的特色农业产业和特色农产品分别给予不超过当地保险保费财政补贴总额的40%和50%的奖补，大幅降低贫困县特色险种保费补贴的负担。

五、建立扶贫保险的风险共担机制

对于保险公司的超赔风险，需要高度重视和妥善解决，以保证扶贫保险经办机构的积极性。在这方面，盐池县做出较好的探索。为了保证"扶贫保"业务可持续发展，2017年盐池县新增1 000万元"扶贫保"风险补偿基金，建立政府与保险公司之间的风险利益共担机制。一个保险周期内，如果保险公司盈利，60%的收益返回风险补偿基金累积；如果亏损，风险补偿金与保险公司按照6:4的比例分担。

六、合理控制扶贫保险的财政风险

对于基层政府在扶贫保险中潜在的财政风险，除与保险公司建立上述风险共担机制外，还可以采取以下措施：第一，降低"联办共保"模式中政府承担的责任比例。例如，在阜平县"联办共保"模式中，政府参与扶贫保险经营的主要优势在于借助行政力量推动业务快速开展，而不是分担赔偿责任本身。因此，为了控制政府扶贫保险的财政风险，可以适当降低政府在"联办共保"中的责任比例，例如从50%降为20%或者10%。一方面有效控制政府扶贫保险的财政风险，另一方面让保险公司在扶贫保险中享有更大的权益和积极性。第二，对一些商业医疗补充保险，不能一味追求全覆盖，要适当设置合理的起付线和自负比例，以控制道德风险，降低基层政府扶贫保险的财务风险。

第五节 证券业特惠金融创新发展的对策建议

一、积极培育支持贫困地区企业挂牌上市

1. 对重点地区的重点项目加强融资辅导和培育

贫困地区资源禀赋不同,产业发展也各有特色,金融扶贫要对接各地特色产业的融资需求,积极创新金融产品和服务,重点扶持扶贫企业或专业企业。以大企业带动小企业,以龙头企业带动普通企业,帮助更多企业通过主板市场、创业板市场、全国中小企业股份转让系统和区域股权交易市场进行融资。

对于一些目前尚未达到上市要求,但未来有较大发展潜力的企业,可以先将它们纳入上市企业后备库,在此后的发展过程中重点扶持、重点培育。

对于一些偏远地区、连片贫困地区、革命老区、民族地区或边疆地区企业,要结合当地的贫困状态和实际发展水平,有目的、有针对性地开展上市辅导,可以适当在政策上有所倾斜,也可以根据这些地区的特点采取倾斜政策对当地企业进行有针对性的上市辅导。

2. 帮助贫困地区企业完成股份制改造

贫困地区企业由于起步晚、发展落后,一部分尚未实行股份公司制度,成为企业上市、并购重组的障碍,进行股份制改造是企业上市的先决条件。

在各类贫困企业发展过程中,要积极鼓励它们引入金融资本,注重和产业资本相结合,有条件的还可以引入战略投资者,改变家族式企业制度,采用股份制现代企业制度。在全国各省区域股权交

易中心设立"金融扶贫板",对于已经完成股份制改造的企业,向区域股权交易中心推荐,在符合标准的前提下直接挂牌。对于一些重点企业或大型企业,在企业改制过程中的相关费用,政府给予一定的支持。

3. 积极推进贫困地区企业挂牌上市和并购重组

各级政府对拟上市企业进行政策扶持,帮助那些有较大发展潜力的后备企业,这些企业会成为未来上市的后备军,在企业改制和资产重组方面要给予适当的引导。证券公司在帮扶过程中不能单纯解决"输血"问题,更要激发这些企业自身的"造血"功能,因此对于企业挂牌上市等资本市场融资中的业务,根据企业特点展开差别化帮扶,对于在业务申报过程中涉及的一些审批程序和查询要求,特事特办,开辟"绿色通道",简化程序。

对于注册地在贫困地区的企业,当地政府在企业上市时给予财政政策激励;对于一些有实力进行并购重组的公司,积极鼓励它们整合上下游产业链,提高产业化经营水平;对于借壳上市或迁址至贫困地区的企业可视同首发上市,享受有关优惠政策。

二、不断完善企业上市审批制度

1. 加快审核速度,不能降低审核标准

2016年成功上市的企业从受理IPO申请到完成上市发行,平均耗时799.956天,约合2.2年。2017年以来成功上市的86家企业从受理IPO申请到完成上市发行,平均耗时770.65天,约合2.1年。而易明医药(002826)和高争民爆(002827)这两家来自西藏的企业从申报到上市发行仅耗时9.8个月和11.2个月,远低于平均水平。在贫困县企业"即报即审、审过即发"绿色通道政策为企业实现早日上市融资提供重要机遇。

贫困地区企业 IPO 绿色通道,不仅发挥"通"的作用,也要坚持严的标准,加快贫困地区 IPO 企业审核流程,在审核标准、审核环节和审核程序上不能降低标准,不能由于地处贫困地区就忽视合规风控和后期督导。加大对贫困地区投资者的风险防范教育,严格限制在贫困地区发行损害投资者利益的产品。

2. 防止企业投机取巧"借道"上市

IPO 绿色通道的"即报即审、审过即发"政策要求企业注册地和生产经营地都在贫困地区,尽管这是针对贫困地区企业提供的快速通道,但也会给非贫困地区企业一定的机会,一些想尽快上市的企业通过迁址来加快上市步伐。如互联网金融公司嘉源网络股份有限公司将其注册地从中国东部沿海的青岛市西迁近 3 000 公里,至青藏高原上的拉萨市。

贫困地区利用资本市场脱贫不能只追求速度,还要关注政策本身所带来的矛盾和问题,政府制定相应的配套政策和措施,妥善解决政策存在的不公问题以及所带来的市场隐患。例如,可以在迁址时间和对贫困地区所做贡献方面作出具体要求。防止企业投机取巧利用 IPO 绿色通道政策,但对贫困地区不做实质性贡献。

三、开辟扶贫私募基金绿色通道

1. 积极推出扶贫私募产品

IPO 绿色通道政策推出以来,注册地在贫困地区的上市企业成为市场关注的焦点,在目前企业上市需要漫长等待的背景下,符合新政要求的贫困地区企业也逐渐受到资本的追捧,其中也不乏私募基金。与申购新股比起来,在企业上市之前就投入资金成本更低、收益更高。因此，私募基金产品既可以通过所投企业的快速 IPO 获得收益，又获得合理的退出通道。可以在创新扶贫私募产品上下功夫，针对贫困地区的特点和发展环境，实行"无须排队，即报即审"政策，进入门槛较低，未来的成长性和利润空间较大，才可以吸引更多的银行资本或民间资本进入。

2. 规范扶贫私募基金管理

既要采取多种措施支持贫困地区企业利用私募基金进行融资，又要采取统一的标准和制度进行规范管理。在现有的法律框架下，制定扶贫私募基金的管理办法和实施措施，从制度层面提供支持。扶贫私募基金与贫困企业结合起来，将募集的资金用于认购公司股份，积极推进企业上市，实现资本增值和合理退出。

四、推动扶贫债券市场继续发展

扶贫专项债券对发行人资质要求高于发行一般债券，平均成本也高于一般信用债券，这导致部分需要融资但资质较差的贫困地区企业无法进入市场，也导致很多优质企业为追求更低融资成本放弃发行扶贫债券。如果无法有效提高市场对于扶贫债券的认可，扶贫债券的发展将非常困难。

1. 发行企业充分利用政策支持，降低融资成本

发行企业应当充分认识和合理利用扶贫债券的政策支持性，为债券提供更强的偿债保障措施，降低违约风险。例如，某公司发行扶贫中期票据时在募集说明书中明确指出发行人将得到政府财政资金的持续支持，这使该票据票面利率达到 4.80%，比同期同级别中期票据平均利率 5.42% 低 0.62%。该公司充分利用政府的政策支持，降低了发行成本。

2. 监管机构进一步创新扶贫债券增信措施，降低融资成本

目前，发行债券可以采用的增信措施主要以外部信用担保和内部抵质押担保为主。信用担保一般会收取一定的担保费用，增加发行人融资成本；抵质押担保会导致发行人部分资产冻结，降低资产流动性。监管机构应进一步创新扶贫债券的增信措施，在降低债券违约风险的同时，为发行人降低发债成本。

3. 监管机构拓宽扶贫项目和潜在发行人范围

当前企业发行扶贫债券仍然存在一定程度的行业限制及项目限制。就目前成功发行扶贫债券的企业属性来看，建筑业和综合类国企占大多数；从债券涉及项目来看，基建类项目，尤其是高速公路建设项目占比较高。这导致很多其他行业和优质企业"有心无力"。对此，监管机构需要不断拓宽扶贫项目和发行人范围，使更多行业和企业加入扶贫债券发行工作。

4. 将扶贫债券发行与投资纳入社会责任评价体系，引导企业和投资者履行社会责任

在为企业提供政策支持和增信支持降低发行成本的同时，有关部门也应当激发企业和投资者的社会责任感，引导其履行社会责任。例如，有关机构可以将发行扶贫债券规模和投资扶贫债券规模作为社会责任考核评判指标，对指标优秀的发行人企业和投资者进行定期表彰，并对其业务开展给予一定支持。当企业和投资者以社会责任为己任时，扶贫债券市场将得到更大发展。

五、大力推进"保险+期货"试点

2017年3月，中国期货业协会发布实施《关于期货行业履行脱贫攻坚社会责任的意见》，提出"期货经营机构应积极探索建立农业

补贴、涉农信贷、农业保险和农产品期货、场外期权等工具的联动机制，支持符合条件的贫困地区优先开展'保险＋期货'试点"。

1. 探索"保险＋期货＋政府＋贫困户"的运作模式

扩大"保险＋期货"的试点范围要引入更多的参与者。除原有的保险公司和期货公司外，还应该吸引地方政府加入，由相关主体提供大力支持。政府拿出一定资金为贫困户补贴保费购买价格保险，提高保障水平，提高贫困户参保的积极性。对于玉米、棉花、大豆等主要粮食作物品种的期货价格保险可以实施保费补贴，由中央补贴、省市配套和农户自缴三方共同承担。各相关部门要充分发挥专业优势，推动建立更科学的价格保险定价机制，探索建立保险公司、期货公司、政府、贫困户的风险利益更加均衡的运行模式。

2. 建立农产品"现货＋期货＋期权"的运作模式

对于符合条件的贫困地区优先开展"保险＋期货"试点，针对贫困地区农业发展特色推出合适的期货品种。如申万宏源与中国人保财险上海分公司合作开展的上海期货交易所天然橡胶"保险＋期货"项目，华泰期货与大地保险合作的玉米期货价格保险，大有期货与太平洋财险云南分公司开展的马关县白糖"保险＋期货"项目，中华财险辽宁分公司承办的鸡蛋价格"保险＋期货"项目，华信期货与太平洋财产保险承办的棉花"保险＋期货"精准扶贫试点项目等。由于农产品价格波动频繁，因此农业企业对风险管理工具的要求较高，目前保险公司的"再保险"操作是保险公司先与农户签订保险合同，然后与风险管理公司签订"再保险"合同，风险管理公司则通过场内期货工具对冲风险，这种方式具有一定的缺陷和局限性。如果在场内推出期权交易工具，就可以建立现货、期货和期权三个市场价格之间的内在联系，提高期货市场价格发现的效率，发挥期货价格在农业资源配置中的作用。

六、探索扶贫股权引导基金模式

1. 扶贫股权引导基金按照市场化的有偿方式运作

扶贫股权引导基金运作模式主要由政府提供资源和项目,基金公司负责筛选项目,并推动项目落地实施。扶贫股权引导基金由政府出资建立,主要作用在于提供资金支持,放大资金杠杆,整合多方资源,建立长效扶贫机制。基金的投资不仅要关注企业的扶贫带动能力,还要对企业的市场前景和盈利能力进行严格审核。因此,扶贫股权引导基金虽有扶贫性质,但不能是纯公益支持,不能通过拨款、贴息或风险补贴的无偿方式运作。对扶贫股权引导基金采取市场化运作,一是引导基金在选择合作伙伴时应由基金管理机构根据市场状况,综合考虑风险、收益和政策目标等多方面因素来确定;二是扶贫股权引导基金在使用方式上,主要应当体现"有偿使用"原则,以利于所扶持创投企业强化财务约束机制。

2. 研究"引导基金+母基金+子基金"三级架构基金体系

为了放大财政扶贫资金,提高透明度和使用效率,充分发挥扶贫股权基金在脱贫攻坚中的杠杆作用,全国各地也在积极探索扶贫股权投资基金模式。如河北省扶贫办根据河北省政府办公厅印发的《河北省农业扶贫开发创业投资引导基金管理暂行办法》,在2016年3月起草研究了河北省扶贫开发股权投资基金操作方案,提出构建"引导基金+母基金+子基金""三级架构"的扶贫股权投资基金体系,形成"基金+管理公司+托管银行""三位一体"的管理模式。引导基金发挥引导作用参股扶持扶贫创业投资企业发展,引导社会资金进入扶贫创业投资领域。母基金以保本微利为原则,不同于市场上一般的私募

第七章 创新发展特惠金融的对策建议

股权投资基金，旨在探索贫困地区产业精准扶贫创新模式，更加关注精准扶贫、精准脱贫的社会效益。设区市扶贫开发子基金的运营管理可以自行组建管理团队进行管理或委托专业管理公司进行管理，也可以由母基金管理团队与子基金出资机构共同组建各设区市子基金管理公司，对各设区市子基金进行专业化、市场化的管理。"引导基金+母基金+子基金"三级架构基金体系如图7-1所示。

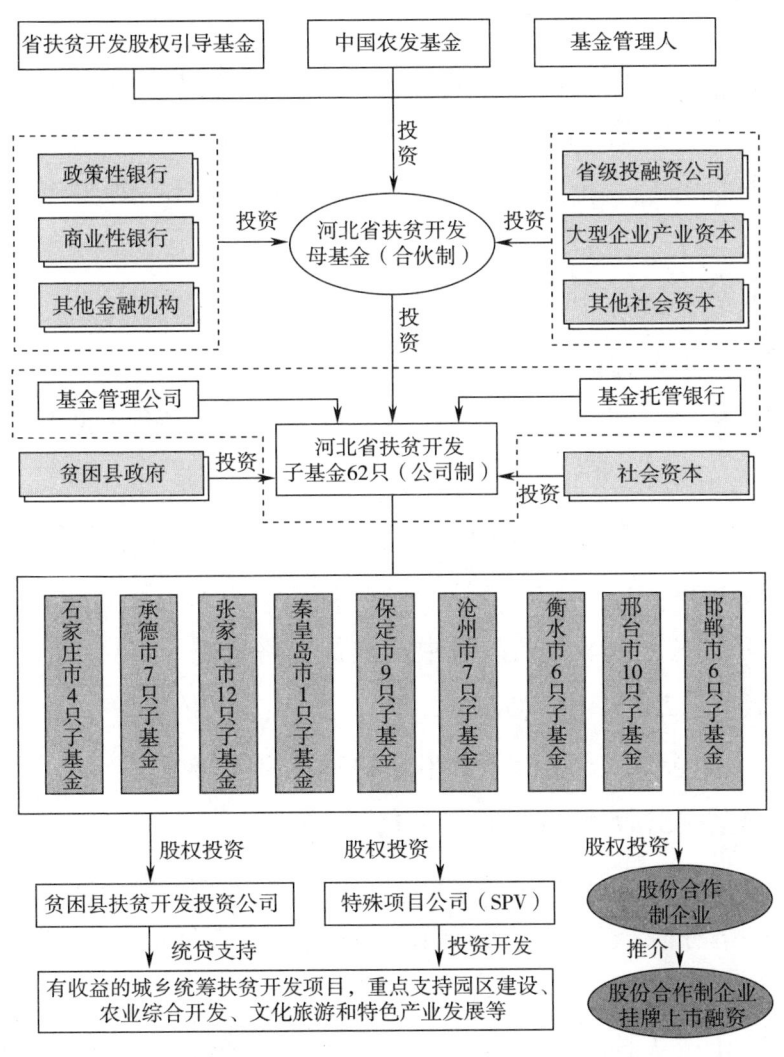

图7-1 "引导基金+母基金+子基金"三级架构基金体系

参 考 文 献

[1] 中国共产党第十八届中央委员会．中共中央关于全面深化改革若干重大问题的决定［Z］．2013－11－12．

[2] 国务院．推进普惠金融发展规划（2016—2020年）［Z］．2015－12－31．

[3] 新华社．中国共产党第十八届中央委员会第五次全体会议公报［Z］．2015－10－29．

[4] 中共中央，国务院．关于打赢脱贫攻坚战的决定［Z］．2015－11－29．

[5] 吴华．特惠金融理论与实践［J］．学习与研究，2016（11）：64－69．

[6] 吴华．中等收入阶段中国减贫战略研究［M］．北京：经济科学出版社，2015：46－52．

[7] 焦瑾璞，王爱俭．普惠金融基本原理与中国实践［M］．北京：中国金融出版社，2015：3－4，6－7．

[8] 中国人民银行，发展改革委，财政部，银监会，证监会，保监会，国务院扶贫办．关于金融助推脱贫攻坚的实施意见［Z］．2016－03－16．

[9] 中国人民银行，银监会，证监会，保监会．关于金融支持

深度贫困地区脱贫攻坚的意见［Z］．2017－12－15．

［10］中共中央，国务院．中共中央、国务院关于打赢脱贫攻坚战三年行动的指导意见［Z］．2018－06－15．

［11］国务院扶贫办，财政部，中国人民银行，银监会，保监会．关于创新发展扶贫小额信贷的指导意见［Z］．2014－12－10．

［12］银监会，财政部，人民银行，保监会，国务院扶贫办．关于促进扶贫小额信贷健康发展的通知［Z］．2017－07－25．

［13］中国人民银行．中国人民银行关于开办扶贫再贷款业务的通知［Z］．2016－03－23．

［14］银监会．关于银行业金融机构积极投入脱贫攻坚战的指导意见［Z］．2016－04－01．

［15］保监会，国务院扶贫办．关于做好保险业助推脱贫攻坚工作的意见［Z］．2016－05－26．

［16］保监会．关于加快贫困地区保险市场体系建设 提升保险业保障服务能力的指导意见［Z］．2016－12－19．

［17］保监会．关于保险业支持深度贫困地区脱贫攻坚的意见［Z］．2018－03－19．

［18］证监会．关于发挥资本市场作用服务国家脱贫攻坚战略的意见［Z］．2016－09－08．

［19］冯文丽．农险扶贫的"阜平模式"［J］．中国金融，2018（17）：86－87．

［20］杨毅．以专业特色为依托 期货行业多方位践行精准扶贫［N］．金融时报，2018－10－20．

［21］王留根．依托股份合作制实现产业扶贫目标［J］．学习与研究，2017（9）：63－66．

[22] 陈文辉. 进一步创新保险扶贫体制机制 [J]. 农业发展与金融, 2016 (11): 14-16.

[23] 崔怡, 朱杰. 普惠性小额保险的精准特惠——基于宁夏盐池县"扶贫保"的案例分析 [J]. 金融理论探索, 2017 (4): 61-68.

[24] 决胜全面建成小康社会夺取新时代中国特色社会主义伟大胜利 [Z]. 2017-10-18.

后　　记

特惠金融实践探索始于脱贫攻坚战。

特惠金融理论研究是对特惠金融实践探索的总结和升华，需要随着特惠金融实践探索的深入而持续跟进。

本书在资料搜集、实地调研和文稿撰写阶段，湖南麻阳县、宁夏盐池县等地给予大力支持，河北经贸大学冯文丽教授、中国金融出版社给予指导帮助，李岩、张婉婷、韩海军、王瑾、董帅、汪力鼎等同志联合校阅书稿并提出修改建议。谨此致谢！

2020 年 6 月